GRAU DO MESTRE ELEITO DOS NOVE

9º Grau

Jorge Adoum
(Mago Jefa)

GRAU DO MESTRE ELEITO DOS NOVE

9º Grau

BIBLIOTECA MAÇÔNICA PENSAMENTO

Editora
Pensamento
SÃO PAULO

Capa: Rosana Martinelli

Projeto gráfico e diagramação: Verba Editorial

Revisão de texto: Adriana Moretto e Gabriela Morandini

Dados Internacionais de Catalogação na Publicação (CIP)
(Câmara Brasileira do Livro, SP, Brasil)

Adoum, Jorge, 1897-1958.
Grau do mestre eleito dos nove, 9º grau / Jorge Adoum (Mago Jefa). — São Paulo : Pensamento, 2010. — (Coleção Biblioteca Maçônica Pensamento)

11ª reimpr. da 1. ed.
Bibliografia
ISBN 978-85-315-0279-8

1. Maçonaria 2. Maçonaria — História 3. Maçonaria — Rituais 4. Maçons I. Título. II. Série.

10-08934 CDD - 366.1

Índice para catálogo sistemático:
1. Maçonaria : Sociedades secretas 366.1

O primeiro número à esquerda indica a edição, ou reedição, desta obra. A primeira dezena à direita indica o ano em que esta edição, ou reedição, foi publicada.

Edição	Ano
11-12-13-14-15-16-17	10-11-12-13-14-15-16

Direitos de tradução para a língua portuguesa
adquiridos com exclusividade pela
EDITORA PENSAMENTO-CULTRIX LTDA.
Rua Dr. Mário Vicente, 368 - 04270-000 - São Paulo, SP
Fone: 2066-9000 - Fax: 2066-9008
E-mail: pensamento@cultrix.com.br
http://www.pensamento-cultrix.com.br
que se reserva a propriedade literária da tradução.
Foi feito o depósito legal.

Sumário

1. História do grau 7
2. Os mistérios iniciáticos da lenda 16
3. Levantando o terceiro véu 23
4. Rasgando véus 31
5. O drama solar 41
6. Cada causa tem seu efeito e cada efeito tem sua causa 48
7. Os mistérios iniciáticos do grau 57
8. Conhece-te a ti mesmo pela fisiognomonia 63
9. Magia criadora 74
10. O Cristo místico 82
11. O mestre eleito dos nove ou o perfeito maçom deve ser poderosamente magnético 94
12. A medicina universal e o corpo físico 151
13. A energia universal e o corpo da alma 162
14. O super-homem médico sacerdote mago 172
15. A religião dos sábios 184

Bibliografia 192

1. História do grau

1. Podemos afirmar, sem medo de equívoco, que as personagens que figuram neste Grau são simplesmente apócrifas; que Salomão, "o bíblico", nada tem que ver com o Nono Grau, cuja instituição é moderna.

Este Grau, sem dúvida, pertence à série gradual da INICIAÇÃO e ocupa o terceiro lugar nos Mistérios Menores.

AS FINALIDADES DA INICIAÇÃO NOS MISTÉRIOS MENORES eram demasiadamente elevadas e por isso foi preciso dividir sua escala em várias partes ou graus, para que assim pudesse a mente humana ascender paulatinamente, sem sofrer as dores do autossacrifício de suas próprias paixões e de seus arraigados desejos desenfreados.

Estas elevadas finalidades são: a unidade de Deus; a imortalidade da alma; um culto voluntário, sem fanatismo nem superstição; uma moral pura que conduza o homem no caminho da verdade, da justiça e do bem-estar. Seu primeiro objetivo é propagar as luzes que podem esclarecer a razão do homem para apreciar sua dignidade, que faz dele o REI DA CRIAÇÃO e para que, por meio de sua inteligência, encontre sua relação direta com o DEUS ÍNTIMO.

Portanto, a Grande Iniciação tem por finalidade propagar a liberdade dos homens com o dever de não atacar uns aos outros, em virtude desta mesma liberdade. Depois estabelece uma verdadeira caridade universal que irmana todos os povos entre si para que formem uma só família, e, finalmente, eleger um governador sábio, desinteressado, estabelecido sobre leis comuns, apropriadas às necessidades de cada povo, a fim de que estas leis sejam o apoio do débil e do forte e, ao mesmo tempo, a corretora dos perversos.

Estas são as regras e os deveres que a Iniciação Maior impõe.

Agora devemos verificar e perguntar: Cumpriu Salomão, "o bíblico", todas as finalidades da INICIAÇÃO? Nossa resposta foi dada na história dos graus precedentes. Agora, neste trabalho do Nono Grau nos cabe seguir a GRANDE LENDA para depois decifrar seus segredos internos.

2. A LENDA DO NONO GRAU "MESTRE ELEITO DOS NOVE", que é para muitos uma história, diz o seguinte:

Uma vez terminados os funerais de Hiram, quis Salomão vingar a morte de seu Grande Mestre Arquiteto. O desaparecimento dos três Companheiros do local dos trabalhos descobria a identidade dos assassinos.

Enquanto Salomão nisto meditava, chegou um desconhecido — GUARDIÃO DE REBANHOS, ou seja a Constelação da CABRA — que pede audiência e logo revela que conhece o lugar onde se ocultam os três malfeitores.

O Rei reúne os Mestres mais velhos, que eram quinze,

e deles, foram, escolhidos nove para a perigosa expedição, havendo, para isto, colocado os nomes numa urna. O primeiro a sair foi o nome de Johaben, que, desta forma, ficou designado o chefe da expedição; em seguida, da mesma maneira, foram escolhidos os outros oito Mestres para acompanhá-lo. Depois Salomão recolheu-se a um lugar mais isolado, só com os nove Mestres eleitos, revelando-lhes o lugar desconhecido e acertando com eles sobre a maneira de se capturarem os criminosos para vingar o assassinato de Hiram.

Os nove Mestres, para não serem notados, saíram nessa mesma noite, guiados pelo pastor desconhecido que se havia oferecido para servir de guia. Ao aproximar-se o pôr do sol, todos chegaram ao lugar da caverna, chamada BEN-ACHAR (que segundo alguns significa "filho do estrangeiro"), onde os três tinham o costume de se recolher.

Dois dos assassinos, quando regressavam à caverna, notaram a presença dos Mestres e fugiram precipitadamente entre as rochas. Oito Mestres, menos Johaben, perseguiram-nos e, apesar dos obstáculos do terreno e de estarem cansados da viagem, ganharam vantagem sobre os perseguidos, até que, finalmente, os assassinos, vendo-se perdidos, sem salvação, por se acharem diante de um abismo, sem outro caminho aberto, preferiram lançar-se no espaço do que ser presos. Desta maneira seus perseguidores apenas conseguiram encontrar seus cadáveres.

Johaben, afastado dos demais, esperando o êxito de sua busca, notou que o cão do pastor (Cão Maior das Constelações) seguia a pista de alguém que entrara na gruta; Johaben, descendo os nove degraus talhados na rocha, descobre no fundo o mais culpado, isto é, aquele que havia dado o golpe mortal e que naquela hora se dispunha a descansar.

O assassino, vendo-se descoberto pelo Mestre — não pôde resistir a seu olhar — tomou o punhal com o qual pensava defender-se e o cravou no próprio peito, traspassando o coração, antes que Johaben pudesse impedi-lo.

Outra lenda diz que Johaben matou o culpado e cortou-lhe a cabeça; mas, os mistérios da verdadeira Iniciação não permitem ao Iniciado que se vingue, matando o delinquente com suas próprias mãos, porque este direito pertence à Lei.

Descansaram, então, os nove Mestres até o alvorecer do dia seguinte, e logo apressaram-se em cortar a cabeça dos três criminosos; em seguida empreenderam viagem à Jerusalém onde chegaram ao anoitecer (talvez do dia subsequente) porque a distância do porto de Jafa até a Capital é de 60 quilômetros em linha reta.

Satisfeito Salomão com o resultado da expedição, e em recompensa pelo zelo dos nove expedicionários, permitiu que seguissem gozando o título de ELEITOS SECRETOS, título que tão bem haviam merecido. Depois se lhes acrescentaram outros Mestres que se distinguiram por seus serviços, e assim chegaram a ser QUINZE ELEITOS, entre os quais aquele pastor desconhecido que guiou os nove Mestres na busca aos assassinos.

As três cabeças e os instrumentos de construção, cuja finalidade haviam tão criminosamente PERVERTIDO, foram expostos por três dias ante a vista exclusivamente dos obreiros. Depois foram queimados e suas cinzas jogadas ao vento. Desta maneira, tanto o crime como o castigo permaneceram em segredo do qual só os Iniciados podem se inteirar E QUE TÃO SÓ OS MESTRES PODEM COMPREENDER.

Para se distinguir, adotaram os Eleitos uma faixa negra que levavam do ombro esquerdo às costas do direito, e em cuja extremidade pendia um punhal com o qual ABIBALAG, o assassino se matou, como fez Judas séculos depois ao vender seu Mestre. Para se reconhecerem usaram palavras e sinais relacionados com a ação levada a cabo pelos primeiros nove, e, assim, os elevados a este grau foram os vigilantes dos obreiros e mestres da Obra para que não se repetisse aquele doloroso acontecimento do Grande Arquiteto do Templo.

O MITO SOLAR E O HOMEM

3. A lenda do Grau de Eleito dos Nove desenvolve a explicação do Mito Solar. A própria Lenda de Hiram e perseguição aos assassinos é uma espécie de disfarce de mitos e mistérios simbólicos mais antigos, que nos mostram a luta constante entre a Luz e as trevas, o bem e o mal, a verdade e o erro, os ideais e as paixões do homem.

No Mito Solar, donde foram tomadas todas as lendas das religiões, os nove mestres são os nove signos zodiacais ou nove meses de luz que estão contra os três meses mais escuros, terrenos e animais, Escorpião, Sagitário e

Capricórnio. É ainda a luta entre a Luz e as trevas, o nascimento e a morte, a parte ativa e positiva, e a parte escura e negativa; é a luta das estações luminosas contra a estação escura. É a luta dos deuses olímpicos contra os dos titãs e dos gigantes que querem dominar na ordem celestial pelas paixões brutais. É a luta dos Devas contra os Asuras, de Indra, Agni e Mitra contra Varuna, que como Lúcifer é precipitado ao INFERIOR (Inferno), cessando de ser o deus da noite estrelada. É a luta de Osíris, reencarnado em Hórus, e de Ísis, contra Tífon; de Hércules, protótipo do herói consciente de sua própria origem divina contra os monstros ou paixões animais, que se encontram em seu ciclo zodiacal de progresso, como resíduo de seu próprio passado com o qual deve enfrentar-se para superá-lo. É a luta de MITRA (Sol), a Divindade Luz da última época da região irânica, contra o Touro emblemático da natureza animal; (ler o OITAVO GRAU), a quem mata e transmuta, para absorver suas qualidades positivas. É a luta na natureza como na vida; a Luz, o Supremo Poder, afugenta toda treva e obscuridade. Ante sua claridade, foge o mistério da noite, levando consigo os temores e o cansaço que se apoderam de nosso organismo em todo o anoitecer. E, conforme se faça a luz em nossa mente, esclarecem-se nossas preocupações e nossos problemas, para que nossa vida seja um crescimento NA LUZ.

A IGNORÂNCIA E O FANATISMO substituem a VERDADE E A COMPREENSÃO em cada um de nós; mas, ao nos dedicarmos ao estudo para cultivar nossa mente, elas se precipitam, como o fizeram os dois assassinos, no abismo da aniquilação. A AMBIÇÃO (companheira da ignorância e do fanatismo) que se oculta na cova do coração do homem, destroi-se a si mesma como o fizeram Abibalag, o assassino de Hiram, e Judas Iscariotes, até que chegue a essa gruta um raio do mais puro amor.

Esta versão da Lenda de Hiram nos ensina com toda a clareza a lei de causa e efeito, como a explicaremos mais adiante e que consiste em: "COM A VARA QUE MEDIRDES SEREIS MEDIDO".

O Iniciado deve matar em seu coração A IGNORÂNCIA, O FANATISMO E A AMBIÇÃO, substituindo-os pela SABEDORIA, TOLERÂNCIA E ALTRUÍSMO, ou pela VERDADE, COMPREENSÃO E DESPRENDIMENTO.

A JUSTIÇA

4. A Justiça, representada pela balança, jamais significa vingança. A justiça é o perfeito equilíbrio divino ou a expressão da LEI DIVINA DO PERFEITO EQUILÍBRIO. Esta lei está representada pelo número dois ou a dualidade na TRINDADE do HOMEM.

O homem, movido pela ignorância, fanatismo e ambição, faz injustamente prevalecer um dos pratos da balança, fazendo o que sofre injustiça levantar o peso de sua espada. Então, aquele que sofre ignomínia levanta-se e exalta-se por esse mesmo fato, até no céu, enquanto que o tirano se precipita, em igual peso, em sentido contrário.

De maneira que a Justiça Divina (Lei de equilíbrio e

CAUSA E EFEITO) ao ser tergiversada, atua pelo efeito que segue a toda causa, em sentido contrário e, de reação, que acompanha toda ação.

Por conseguinte temos de ver e buscar na própria perseguição dos assassinos de Hiram um sentido mais profundo do que aparentemente significa. A respeito dos mistérios do Egito, disse Plutarco: "...deves pensar que nenhuma dessas coisas se referem ao que, ao parecer, contam..." Desta maneira deduzimos que o NONO GRAU encerra muitos mistérios iniciáticos ocultos, que exigem do Mestre o seu aperfeiçoamento, a fim de que elimine (mate a seus primos e parentes como ensina alegoricamente o BHAGAVAD GITA ou o CANTO DO SENHOR) seus vícios e paixões, que lhe são mais queridos e apegados. Porém NÃO COMO OS DETRATORES DA MAÇONARIA TÊM PROCURADO DIFUNDIR: QUE NESTE GRAU SE EXIGIA AO INICIADO O COMPROMISSO OU JURAMENTO DE EXECUTAR AS SENTENÇAS DOS TRIBUNAIS SECRETOS. SENDO ELE PRÓPRIO SACRIFICADO PELOS IRMÃOS SE NÃO CUMPRISSE SUA PROMESSA. Sem dúvida, o Grau tem, como emblemas, cabeças cortadas, punhais ensanguentados, lágrimas e atributos fúnebres, e usa-se com frequência em seu Ritual a palavra VINGANÇA e a divisa "VINCERE AUT MORI". Porém, esses caluniadores nunca viram a Luz da Verdade para poder interpretar o simbolismo iniciatório.

5. Depois destas explicações, tudo nos leva a crer que o Grau de Mestre Eleito foi instituído pelos Templários, ou, pelo menos, era por eles conhecido. A ambição — simbolizada no Nono Grau pelo traidor Abiram ou Jubelum ou Abibalag, de acordo com o Rito Francês — é, por sua vez, assassinada com a adaga do altruísmo e do desprendimento; e, com a morte da ambição, desaparecem todos os males da sociedade. O Nono Grau é conferido por iniciação, e para tal efeito o candidato deve ter inteligência, moralidade e conhecimentos maçônicos, além de ter mais de 25 anos de idade, ser possuidor do 4º Grau há mais de um ano e contar, no mínimo, três anos de maçom.

2. Os mistérios iniciáticos da lenda

6. DECORAÇÃO E SIMBOLISMO. A Loja, que representa uma das salas do palácio de Salomão (SOL-AMON-RÁ, filho do deus-Sol: O INICIADO), está ornada de negro e salpicada com gotas de lágrimas de cor vermelha. O negro é a negação da Luz, é a morte ou obscurecimento da VIDA ELEVADA do homem. É a morte simbólica do EU SOU, AO INTRODUZIR-SE NO CORPO DA MATÉRIA. É o decrescimento da luz do sol nos dias que precedem ao solstício invernal, para que possa neste nascer. É o período de após morte que toda alma tem que atravessar antes de voltar a ter uma nova vida. É o período que antecede à regeneração.

As gotas de lágrimas que se destacam como chamas vermelhas que sobem da terra ao céu, e como corações flamantes que descem, são as aspirações humanas e as pulsações que impedem toda a ação.

7. SOL-AMON-RÁ, O INICIADO, como dono e senhor do corpo, envia o EXPERTO dando-lhe a chefatura dos NOVE MESTRES ELEITOS, para conduzi-los ao lugar onde se encontram os três assassinos do EU SOU: IGNORÂN-

CIA, FANATISMO E AMBIÇÃO. Desta maneira vemos que o EU-SUPERIOR maneja dez faculdades, das doze do Espírito, para eliminar do corpo os três vícios causadores de toda desgraça. O Experto é a faculdade do discernimento. O Experto assemelha-se ao "pastor de rebanhos"; é a alegoria do homem que exerce o controle e a disciplina de seus próprios pensamentos e emoções. Em resumo, SALOMÃO REPRESENTA A PRIMEIRA FACULDADE DO "EU SOU" E ENVIA AS OUTRAS DEZ, PARA CASTIGAR OS VÍCIOS QUE SE ENCARNAM NA HUMANIDADE ATUAL PELA DEGENERAÇÃO DO SEXO, que é o Judas do homem.

Todos os heróis e semideuses eram pastores, ou viviam com eles, fato este comum à Hércules e Apolo, Rama e Krishna, Moisés e Davi, Rômulo e Remo, pois este era o novo elemento desconhecido "pastor de rebanhos", guia dos Nove.

8. O VÉU VERMELHO. O candidato é recolhido coberto com véu vermelho. Isto simboliza que o candidato, embora no Grau de Mestre Secreto tenha rasgado o véu negro da ignorância e do erro, ainda lhe é necessário purificar sua vontade dos motivos que impelem a ação para poder romper e levantar o véu vermelho. O véu vermelho representa a prova do Fogo neste Grau, assim como a prova da Água tem analogia com o Grau anterior de Mestre Secreto. O véu vermelho demonstra-nos a necessidade de "descer aos infernos", isto é, às regiões instintivas da alma para salvar e redimir os átomos do poder do inimigo secreto. Não há outra maneira para destruir a raiz do erro, chamado vulgarmente MAL, em cada um de nós, a fim de que o Deus Íntimo possa manifestar-se, desde seu REINO DOS CÉUS, EM NOSSA CONSCIÊNCIA.

9. O RAMO DE ACÁCIA. O candidato leva em sua mão direita um ramo de acácia. Explicamos anteriormente que a acácia, assim como a sempreviva, patenteiam o símbolo da morte e da imortalidade, porque a acácia conserva permanentemente verdes as suas folhas.

10. OS PÉS DESCALÇOS. O candidato é recebido com os pés descalços. Aqui se repete o símbolo da iniciação de Moisés no monte Horeb. Com os pés descalços temos que pisar a senda até sangrá-los. É a previsão do áspero e longo caminho que deve percorrer até o progresso indefinido, assim como toda ascensão progressiva. Os calçados representam, assim como os véus, a ilusão material da existência.

11. JOHABEN: Johaben é um nome desconhecido na Bíblia, e apesar disso, significa "FILHO DE DEUS PAI". É o chefe e, com os nove eleitos, formam a Árvore de Sephiroth; desta maneira ele é o KETHER ou COROA CABALÍSTICA. JOHABEN ou "FILHO DE DEUS" DESCOBRE NA GRUTA (SÍMBOLO DA CONSCIÊNCIA) O VÍCIO OCULTO. Porém, na Consciência da Unidade do Todo, nada pode permanecer oculto. Do instinto saem os vícios sem que se possa apreendê-los.

12. STOLKIN: Johaben se identifica com o Signo Zodiacal de Áries; Stolkin com Taurus e ZERBEL ou ZERBAL com Gêminis, os três signos da primavera que são opostos à Libra, Escorpião e Sagitário, assassinos do Sol e de HIRAM.

Stolkin planta o ramo de acácia sobre o montículo de terra recém-movida, sob o qual foram descobertos os restos de Hiram (Ler o 3º Grau). Stolkin representa o segundo "Zefer", ou seja, Chocomah ou a Sabedoria que planta toda obra duradoura. É a QUALIDADE da Sabedoria; está representada pelas duas colunas da Loja, assim como o Universo e a VIDA.

13. ZERBAL: é o terceiro, aquele que entre os Mestres conseguiu levantar Hiram por meio da palavra da Vida, acompanhada pelo quíntuplo contato de perfeição. É o BINAH, a INTELIGÊNCIA CRIADORA, OU SEJA O PRÓPRIO VERBO EVANGÉLICO "POR MEIO DO QUAL TODAS AS COISAS FORAM FEITAS E SEM O QUAL NADA DO QUE É FEITO FOI FEITO".

14. O TERNÁRIO. Estes três Mestres representam os três primeiros números cifrados, que têm o papel mais importante na Lenda deste Grau; quanto aos seis que os acompanham, não necessitam sair do anonimato que o rodeia.

OUTRO TERNÁRIO é formado por SALOMÃO. HIRAM (REI DE TIRO) E O PASTOR DESCONHECIDO, representando O ESPAÇO, O TEMPO E O MOVIMENTO ou VIDA. Também representa SALOMÃO A ESTRELA DA MANHÃ. HIRAM A ESTRELA DA TARDE E, O PASTOR DESCONHECIDO A GRANDE ESTRELA DE TAURUS, CUJA LUZ É A UNIDADE MEDIDA DE TODAS AS DEMAIS. Também significam SABEDORIA, PODER E AÇÃO.

15. A VIAGEM. A viagem dos Mestres que vão do Oriente, berço da Luz, ao Ocidente, ou Inferno, indica a descida às profundezas da alma e às regiões do SUBCONSCIENTE, aonde se deve levar a Luz Transcendente para que assim triunfe sobre os inimigos do homem, os quais se ocultam e tratam de permanecer ignorados nessas regiões. Logo, esta aparente expedição significa a ILUMINAÇÃO, e não o castigo e a vingança.

16. Na obscuridade de nosso ser inferior as nove faculdades do Espírito (Nove Mestres Eleitos) encontram os dois assassinos: a ignorância e o fanatismo que andam sempre juntos, porque a ignorância necessita do fanatismo para seu domínio. A Luz da Sabedoria ao brilhar nas profundezas escuras do subconsciente da alma, afasta as trevas dos precipícios, do aniquilamento e do vício. (É a subconsciência, instinto que trabalha no baixo ventre). A Luz da Consciência e do Saber aniquilam os inimigos do progresso, e os ressaibos do instinto animal tratam de fugir buscando nas sombras do subconsciente a maneira de sobreviver. Mas, a Luz tudo alcança e a lei do progresso tem que desbaratar todos os entraves do sendeiro. (É a consciência no coração).

17. A CAVERNA, A COROA E A SABEDORIA representadas por Stolkin e Zerbal viram a aniquilação (dentro de si mesmos) dos dois entre os três grandes inimigos de todo o progresso humano: a ignorância e o fanatismo. Porém, ninguém pode chegar a ser Mestre Eleito enquanto exista em si um pequeno sinal de ambição.

Então o AMOR IMPESSOAL como primeiro ELEITO, necessitava de JOHABEN, FILHO DE DEUS PAI, para descobrir na CAVERNA DA ALMA ou na mente instintiva (subconsciente) o terceiro assassino: a ambição. Esta cova simboliza o coração, perto do qual se encontra "uma fonte de água pura e cristalina. É o manancial da vida. É O MISTÉRIO DO SEXO.

Quando o FILHO DE DEUS entra na caverna com aquela Luz Viva, então o assassino, ao ver Johaben com as insígnias de Mestre, enlouquece e suicida-se com o próprio punhal (à ambição se aniquila ante o amor divino); não pode resistir ao amor impessoal, cuja finalidade é o progresso e a realização dos planos divinos.

Johaben é a encarnação do PURO AMOR IMPESSOAL.

18. O punhal é o poder da vontade para degolar os vícios internos, e não arma de vingança, como o interpretam os ignorantes. O Mestre NÃO PODE — pela lei de sua própria natureza — nem vingar-se pessoalmente, nem tornar-se intérprete ou instrumento da vingança da Sociedade. A VIDA DO MESTRE DEVE SER CURAR, ALIVIAR e ELEVAR.

19. A ESTRELA que se vê unida ao punhal é o poder da Luz que destrói as trevas, assim como a verdade destrói a ignorância, o fanatismo e a ambição.

20. A Fonte Cristalina na caverna é a piedade e a benevolência que emanam do coração dos Mestres e Super-homens.

21. AS TRÊS CABEÇAS são as provas da morte dos três criminosos e simbolizam a TRÍPLICE VITÓRIA DOS MESTRES SOBRE A IGNORÂNCIA, O FANATISMO E A AMBIÇÃO.

3. Levantando o terceiro véu

22. Dissemos anteriormente que cada símbolo tem sete significados ou sete interpretações. Já explicamos dois, nas duas Iniciações anteriores: a do Grau de Aprendiz e a do Grau de Mestre Secreto.

Agora nos cabe levantar o terceiro véu dos Mistérios, ou da Terceira Iniciação, que pertence ao Grau de Mestre Eleito dos Nove.

Em cada Grau da Maçonaria fluem certas correntes etéreas através e ao redor da espinha dorsal de cada iniciado.

Na espinha dorsal se encontram três condutos chamados SIMPÁTICO, VAGO E CENTRAL que correspondem ao que os Iogues chamam: IDA, PINGALA E SUSHUMNA. Ida e Pingala têm seus lados esquerdo e direito respectivamente, e são às notas SUSTENIDO E BEMOL DA NOTA FA da natureza humana, que quando vibram devidamente despertas, produzem em ambos os lados vibrações que subjugam o inferior por meio do superior.

Os dois ARES ou vibrações vitais que passam pelo simpático e pelo vago provêm da pura corrente etérea que atravessa o conduto central; cada uma tem sua senda particular e converte a corrente espiritual livre do CENTRAL em duas vibrações semimateriais: positiva e negativa.

23. Um dos objetivos do plano da Maçonaria é o de estimular a atividade destas forças no corpo humano a fim de apressar a evolução. Na primeira Iniciação do Primeiro Grau, IDA ou o conduto esquerdo, aspecto feminino no homem, desperta-se e outorga ao candidato a força para dominar suas paixões e emoções. No Segundo Grau, desenvolve PINGALA, ou aspecto masculino, que dá o domínio da mente. No Terceiro Grau de MESTRE desperta-se a energia central e o caminho fica aberto à influência superior do Espírito, para que ascenda novamente ao cérebro.

24. O estímulo destes nervos e forças que por eles fluem são apenas uma pequena parte do benefício outorgado pelo Mestre quando maneja a espada no momento da admissão.

A exaltação de graus na Maçonaria é, nem mais nem menos, como a ordenação nos graus sacerdotais das Igrejas. Os efeitos são reais e infalíveis em seus resultados na vida espiritual; apesar disso, dependem totalmente da própria vontade do candidato e, por isto se tem dito: "O HÁBITO NÃO FAZ O MONGE". É também, como disse Ward: "O benefício espiritual que um indivíduo recebe da Maçonaria está na exata proporção do desejo e da capacidade que ele tem para compreender seu significado interno".

25. O Primeiro Grau de Aprendiz corresponde ao sub-diácono da Igreja. Nele o Aspirante deve dominar os três planos de sua natureza, ou seja, o corpo físico com seus impulsos, o astral com suas emoções e desejos violentos, e o mental com suas divagações e instabilidades, para submetê-los à obediência do EU SUPERIOR e convertê-los em valioso instrumento positivo, adestramento e útil a seu serviço.

Este é o trabalho do Primeiro Grau ou autodesenvolvimento.

O Segundo Grau corresponde ao Diácono. Deve o Companheiro fazer de seu corpo de desejos um instrumento perfeito para a expressão da emoção superior e ao mesmo tempo tratar de dominar seu corpo mental.

O Grau de Mestre Maçom equivale ao Sacerdote, ou o ser que pode manejar à vontade os poderes que lhe foram outorgados.

O Quarto Grau é o do Bispo que segura na mão o báculo magnetizado. É o Mestre que está em condições de poder dar essa energia, conferir graus elevados e bendizer com maior eficácia do que um Sacerdote.

26. Todos os maçons de altos Graus têm em suas mãos o poder de dar a bênção em SEU NOME (DO G.·. A.·. D.·. U.·.). Porém, desgraçadamente, muito poucos são os maçons modernos que percebem A SANTIDADE DE SEU OFÍCIO E A GRAVE OBRIGAÇÃO DE EMPREGAR SEUS PODERES A SERVIÇO DO MUNDO.

27. AQUI DEVEMOS ESCLARECER QUE: SE O APRENDIZ, O COMPANHEIRO E O MESTRE NÃO PRATICARAM NEM SE FAMILIARIZARAM COM OS ENSINAMENTOS CONTIDOS NOS GRAUS ANTERIORES, não poderão entender a EXPLICAÇÃO DO TERCEIRO SIGNIFICADO DO SÍMBOLO. Por isso foi necessário dividir os ensinamentos maçônicos em graus, facilitando desta maneira o estudo e a prática, paulatinos e graduados, até chegar à compreensão interna do ESPÍRITO DA INTUIÇÃO. Agora já podemos prosseguir com nosso trabalho de continuar levantando o terceiro véu do mistério.

28. Em certas Lojas foi perdido o sentido da orientação. Para orientar devidamente, a Loja deve seguir a lei da magnetização. Entre o Equador e os polos da terra há um constante fluxo de forças em ambas as direções e outro fluxo corrente em sentido perpendicular, que se move ao redor da terra e na mesma direção. Ambas as correntes são utilizadas nos trabalhos da Loja, como veremos, ao levantarmos o terceiro véu das cerimônias. Já a Ciência comprovou que para se obter um sono tranquilo, deve o ser humano dormir com a cabeça voltada para o norte, porque desta direção nos vem o magnetismo.

A Loja, como foi explicado, é a representação do corpo humano e deve ser orientada de maneira adequada, para melhor receber as influências cósmicas.

29. O Pavilhão Celeste da Loja com suas diversas cores denota um terceiro significado, porque a abóboda celeste é azul e não de várias cores, exceto na aurora ou ocaso. O verdadeiro Pavilhão Celestial é a AURA DO HOMEM. É a esplendente vestidura do Iniciado, segundo o hino GNÓSTICO. É O CORPO GLORIOSO DA ALMA HUMANA NO SUTIL MUNDO INVISÍVEL.

30. O Altar Maçônico é considerado como a representação dos dois altares antigos: o dos sacrifícios e o do incenso (Ler "Esta é a Maçonaria, 1º Grau"). Deste altar se eleva constantemente o GRANDE EU SOU, o grato incenso do amor, consolo e verdade fraternal, enquanto que sobre ele permanecem indômitos os apetites e paixões desenfreadas do homem. Em muitas Lojas queimam incenso sobre o altar e também acendem nele ou perto dele uma pequena luz com um tubo de cristal de cor rubi, que simboliza o reflexo do FOGO CRIADOR NA MATÉRIA e corresponde exatamente à lâmpada que nas igrejas católicas arde constantemente ante o sacrário onde está a Hóstia.

31. As três colunas do Templo significam a Trindade do ABSOLUTO: Pai, Filho e Espírito Santo, ou, Sabedoria, Força e Beleza. Esta Trindade de Deus em sua UNIDADE É O ABSOLUTO EM QUEM EXISTEM TODOS OS SERES E TODAS AS COISAS. PORÉM, EM ASPECTOS OU MANIFESTAÇÕES SEPARADAS, O ESPÍRITO SANTO (MÃE-MATÉRIA) É O FAZEDOR OU CONSTRUTOR DO MUNDO EXTERNO, e o Filho é a vida em todos os seres, "A Luz que ilumina todo o homem que vem ao mundo".

Todo objeto material é parte de Deus Espírito Santo (ou Mãe-Matéria, porque antigamente a palavra Espírito Santo em arameu era feminina e se masculinizou em idiomas latinos), enquanto que cada vida é parte da Consciência de Deus Filho ou Logos Solar manifestado. Atrás dos DOIS ÚLTIMOS ASPECTOS ESTÁ INVISÍVEL A GLÓRIA INEFÁVEL E A FELICIDADE DO PAI.

32. O Espírito Santo é trino e sua trindade está na SABEDORIA, FORÇA e BELEZA. A Sabedoria está no plano do DIVINO ARQUITETO. A Força é aquela Energia com a qual se constituíram todas as coisas visíveis pelo Deus Espírito Santo, e a Beleza é a expressão de Deus que aparece em todas as coisas... Tais são as três partes de todo mundo objetivo, as que constituem o edifício da Loja e o CORPO DO HOMEM EM QUE A VIDA CUMPRE SUA PARTE.

33. Todos os seres viventes que povoam este mundo mostram em diversos graus a Luz da vida e consciência divina. TODOS SÃO PARTES DE DEUS, O FILHO, O CRISTO, O REDENTOR, A VIDA DIVINA CRUCIFICADA NA MATÉRIA.

O Cristo também é trino: Vontade Espiritual, Amor Intuicional e Inteligência Superior — Amor, Vontade e Pensamento.

34. O Ven.·. Mest.·. representa a Vontade Divina do Cristo que dirige a obra do aperfeiçoamento do homem; o 1º Vig.·. representa o amor divino do Cristo; o 2º Vig.·., o pensamento divino. As Joias destes oficiais simbolizam respectivamente: VONTADE, AMOR E PENSAMENTO.

Assim vemos que quando o 2ºVig.·. abate sua pequena coluna e o 1ºVig.·. levanta a sua, isto indica que vamos nos interessar na vida, trabalhar no relativo à consciência do homem e quanto a assuntos materiais: edificar o TEMPLO DO HOMEM e não um templo para o homem. As três colunas representam as três qualidades da LOJA MATERIAL. Porém, os três principais dignatários simbolizam as três qualidades da consciência ou vida.

35. Então o homem é uma consciência espiritual trina, vestida de uma personalidade quaternária que consta do corpo físico, do corpo etéreo ou contraparte do físico, do corpo de desejos ou emocional, e do corpo mental. Os dois últimos constituem seu arquivo privado e museu de emoções e pensamentos pessoais. Para aprofundar mais, devemos ler "Esta é a Maçonaria 1º Grau", Capítulo VII.

36. NÃO HÁ VIDA SEM MATÉRIA NEM MATÉRIA SEM VIDA. O ESPÍRITO NÃO PODE TER EXISTÊNCIA SEM MATÉRIA NEM A MATÉRIA PODE EXISTIR SEM O ESPÍRITO, LOGO:

DEUS PAI — ESPÍRITO
DEUS MÃE (E. S.) — MATÉRIA
DEUS FILHO - VIDA

37. O HOMEM É A IMAGEM DE DEUS EM EXPRESSÃO OU CONTINUAÇÃO DO PRÓPRIO DEUS, PORQUE É A LUZ QUE TRANSPORTA A IMAGEM, E ENQUANTO O HOMEM É CAPAZ DE RECEBER ESTA LUZ E REFLETI-LA, É PARTE CONSUBSTANCIAL DELA E COM DEUS SE IDENTIFICA.

38. A Estrela de seis pontas significa a unidade do Espírito e da matéria, de Deus manifestado em seu universo.

39. A Estrela de cinco pontas no Oriente do Templo é o símbolo do homem perfeito, de Deus manifestado no homem, e não no conjunto do universo (É O "SEDE PERFEITOS COMO É PERFEITO VOSSO PAI QUE ESTÁ NOS CÉUS".)

40. A Estrela de sete pontas significa: 1º — as sete direções que conduzem à união com a vida divina. 2º — os sete caminhos da perfeição. 3º — os sete raios de Deus que enchem o universo com a Luz de Deus. 4º — os sete Espíritos ante o trono do Senhor que manejam as divisões planetárias. 5º — os sete poderes que o Mago adquire em sua evolução. 6º — os sete centros ou forças que recebem e emanam a energia vital e que se radicam no corpo humano. 7º — as sete dignidades que fazem a Loja perfeita e completa e que representam os sete corpos ou sete estados planetários. 8º — os sete poderes que o Mago adquire em vibrações ou SETE QUALIDADES CONHECIDAS PELO MUNDO CIENTÍFICO COMO MENTE, MEMÓRIA etc.

4. Rasgando véus

41. Depois se lê uma longa lista dos lugares e os deveres como nas perguntas seguintes:

P. — I.·. 1º V.·. Sois Maçom?...
R. — Todos os meus II.·. me reconhecem como tal.
P. — Qual é o primeiro dever dos VV.·. em Loja?...
R. — Verificar se a Loja está bem coberta...
P. — A que horas começam os II.·. os seus trabalhos?...
R. — etc. etc. etc.

E assim sucessivamente se pergunta pelos lugares de cada oficial, dos aprendizes, companheiros etc.

Muitos, para não se dizer todos, acreditam que esta enumeração é para se assegurar se todos os irmãos sabem de que se trata e se todos os oficiais estão presentes; mas, em realidade, é muito mais importante o objetivo dessa lista.

42. DESEJAMOS QUE CADA IRMÃO PRESTE ATENÇÃO AO QUE SE SEGUE:

As respostas aos deveres dos diversos oficiais encerram vários pontos muito interessantes do simbolismo.

O CORPO FÍSICO DEVE PROTEGER A LOJA DA ALMA DOS PERIGOS DO MUNDO EXTERIOR, DAS TENTAÇÕES E INFLUÊNCIAS MALÍGNAS. Ao G.·. T.·. se lhe ordena que impeça a entrada dos profanos (e dos cães, símbolos das paixões violentas).
O Duplo ou Corpo Etéreo, representado pelo G.·. T.·., contribui para proteger a Loja e está às ordens imediatas da mente superior, simbolizada pelo P.·. V.·. que deve identificar a todos que pedem entrada.
Isto demonstra que o dever da inteligência é discernir e julgar quais os pensamentos e emoções que devem ser admitidos no Templo do Deus Vivo no homem.

43. O V.·. M.·. comunica-se como R.·. por meio do S.·. V.·. e do G.·. T.·., e isto significa que o Espírito não atua diretamente na matéria densa do corpo físico, senão que, por meio da inteligência, influi no duplo etéreo, embora, uma vez feita a investigação, a mente possa instruir o duplo etéreo para que se comunique diretamente com o V.·. M.·.. Para simbolizar tudo isso, há em algumas Lojas o costume de, ao ser dada a ordem, o S.·.V.·. diga: Irmão G.·. T.·., vede quem pede entrada; e em seguida comunica-se com o V.·. M.·. (Leadbeater. *A Vida Oculta na Maçonaria*).

44. O TRIÂNGULO: O Terceiro Aspecto da Divindade está simbolizado pelo S.·. V.·., quando ordena o descanso depois do período da atividade. O Segundo Aspecto está simbolizado pelo P.·. V.·., ao fechar os trabalhos da Loja por ordem do V.·. M.·., porque, quando o Segundo

Aspecto da Divindade se retira das formas que construiu, tudo retorna aos seus elementos primitivos e o universo cessa de existir como tal, de modo que interinamente fica fechada a Loja do sistema solar.

45. UMA REUNIÃO EM UMA LOJA, ASSIM COMO UMA REUNIÃO EM UMA IGREJA DURANTE A MISSA, TEM A VIRTUDE DE CHAMAR A ATENÇÃO DE TODOS OS REINOS DA NATUREZA; OS ANJOS SENTEM E CONHECEM QUE SE LHES VAI DEPARAR UMA NOVA E FAVORÁVEL OPORTUNIDADE DE SERVIR.

Queremos gravar na mente de todos os irmãos esta verdade, para que se convençam até a evidência de que a Loja é um lugar sagrado, como a própria Igreja; o Templo é o lugar onde se deve portar com toda a correção e respeito, em virtude dos ESPÍRITOS SUPERIORES e até à própria dignidade hierárquica.

OS MAÇONS DEVEM RECORDAR QUE AS ENTIDADES DE TODOS OS PLANOS ESPERAM A INVOCAÇÃO DOS OFICIAIS DO TEMPLO PARA ATENDER, PORQUE UM DOS PRINCIPAIS MÉTODOS DA EVOLUÇÃO É PROPORCIONAR-LHES SEMELHANTE CLASSE DE TRABALHO, PELO QUE SE REGOZIJAM EM ATENDER E REALIZAR.

46. ESCUTAI BEM, IRMÃOS MAÇONS: O TEMPLO DA LOJA DEVE SER UM SANTUÁRIO LIMPO, PURO DE TODO PENSAMENTO GROSSEIRO E DE TODO COMPORTAMENTO DESRESPEITOSO POR DIGNIDADE HUMANA E POR BENEFÍCIO

PRÓPRIO, CADA MAÇOM, EM LOJA, DEVE CONSIDERAR-SE PRESENTE ANTE O G.·. A.·. D.·. U.·. PARA PODER ATRAIR ÀS SUAS SESSÕES OS MAIS ELEVADOS ESPÍRITOS DA NATUREZA E OS MAIS PUROS ANJOS CELESTIAIS.

47. Os maçons devem ter em conta que desde o momento em que começam as perguntas e respostas entre os V.·. V.·. e os oficiais do Templo, põe-se em movimento o mecanismo que chama a atenção dos anjos da índole requerida. Devemos recordar sempre o que temos aprendido nos Graus anteriores: "O HOMEM ASPIRA OS ÁTOMOS AFINS A SEUS PENSAMENTOS". Por isto podemos dizer com toda a segurança: O HOMEM ATRAI EM SUA EVOCAÇÃO OS ANJOS AFINS AO ESPÍRITO.

48. Na maioria das vezes, quando os presentes vibram com o mesmo desejo e têm a mesma ânsia e fé, apresenta-se o anjo chefe dos espíritos da natureza e dos elementais que em seguida se reúnem ao seu redor. Ainda não chegou a hora para divulgar todos os mistérios da INICIAÇÃO, mas, pelo momento, podemos preparar o ambiente com uma pequena explicação sobre o mistério do MILAGRE. O MILAGRE NÃO É UM FATO SOBRENATURAL, E SIM, É O NATURAL EXALTADO. Ao meditar nesta explicação, chegaremos então a compreender que a invocação AO ANJO CHEFE DOS ELEMENTAIS que estão ansiosos para ouvir o homem, produz o fenômeno chamado MILAGRE. Tivemos a felicidade de assistir a uma missa celebrada por um bom sacerdote, com a intenção de pedir pela saúde de uma mãe enferma. Quando o santo sacerdote elevou suas mãos e invocou, vimos claramente o Anjo da Presença rodeado por seus elementos, alegres e felizes, os quais aluaram de uma forma MILAGROSA, e a mulher melhorou MILAGROSAMENTE antes de terminar a missa. OS MAÇONS devem ter até medo de seu mau comportamento dentro da Loja, porque desta maneira os elementais e seus anjos serão afins à suas atitudes, sentimentos, pensamentos e palavras.

49. Somos obrigados a insistir sobre o assunto. O MESTRE ELEITO DOS NOVE deve voltar a estudar detidamente os graus anteriores, e com especial atenção aquele que se relaciona com os elementais, para poder dar-se conta do que estamos explicando agora e para poder penetrar nos mistérios da magia maçônica.

Devemos saber que no momento da abertura da Loja, todos os anjos auxiliares, os espíritos da natureza, os elementos com seu chefe, refulgem brilhantemente e estão dispostos a obedecer à voz de mando ou comando. Estas entidades ardem em desejo e impaciência para servir o homem, porque sabem que com estes serviços adquirem a imortalidade.

50. Quando a campainha da Igreja toca, quando o muazin clama: "DEUS É GRANDE", e quando o V.·. M.·. dá o golpe de malhete, todos os espíritos da natureza afins a cada religião acodem com alegria e presteza, e prorrompem em tumultos, e apesar disso com atividade ordenada. Quando o Sacerdote ou o Mestre começa os preparativos da abertura, ambos põem em movimento o mecanismo que serve de invocação a um anjo da índole requerida, que desde logo se apresenta e atua como chefe dos espíritos da natureza e dos elementais que em seguida se reúnem ao seu redor.

51. Cada pergunta e resposta na Loja, dirigida pelo Venerável a seus oficiais, atrai em torno de cada um deles o anjo que lhes é afim juntamente com seus satélites, e se colocam no ovo áurico de cada oficial, enquanto que o anjo-chefe adianta-se até se colocar sobre a cabeça do oficial interpelado. Ao mesmo tempo se desperta a atenção de vários espíritos da natureza, que se põem em atividade; o anjo-chefe ordena a modulação das formas de pensamentos dos assistentes consideradas necessárias para a realização da obra. POR TAL MOTIVO INSISTIMOS QUE TODOS OS IRMÃOS DEVEM CONSIDERAR A LOJA COMO UM TEMPLO SAGRADO E QUE SEUS PENSAMENTOS, SENTIMENTOS E PALAVRAS CONTRIBUEM PARA PURIFICAR CADA VEZ MAIS A LOJA E CONVERTÊ-LA EM UM CENTRO DE VIBRAÇÕES SUTIS, ELEVADAS E PURAS.

52. "Todo pensamento emanado de um indivíduo passa a outro mundo (ao mundo invisível) e se converte em entidade ativa ao associar-se ou unir-se com um elemental. Sobrevive como inteligência ativa, como uma criatura engendrada pela mente durante um período mais ou menos longo em proporção à intensidade originária da ação cerebral que a engendrou. Um bom pensamento se perpetua como uma potência ativa e benéfica, e um mau pensamento, como uma maléfica. Deste modo, o indivíduo está sempre povoando uma corrente no espaço de quanto propagam suas fantasias, desejos, impulsos e paixões; esta corrente reage sobre toda organização sensitiva com que se põe em contato. O Adepto emana conscientemente essas formas; os demais homens, inconscientemente". (A. P. Sinnet, *O Mundo Oculto*).

53. Nossos sentimentos e pensamentos podem tomar formas subjetivas, estejamos ou não conscientes de sua existência. A forma é condição mental e também o é do sentimento; de modo que todo sentimento estará expresso pela forma correspondente. Novamente voltamos a insistir que não devemos PECAR NEM POR PENSAMENTO para não atrair entidades inferiores à Loja.

Desta maneira, durante a série de perguntas e respostas, toda a Loja vibra com vida elemental desejosa de lançar-se ao trabalho, seja ele qual for. Cada grupo dessas entidades tem uma cor peculiar que planeia sobre a cabeça e aura do oficial que a representa no mundo físico.

Antigamente cada oficial era clarividente e percebia as entidades que flutuavam em sua aura como uma nuvem luminosa e nas auras dos demais oficiais com suas respectivas cores rosa, ouro, azul e verde, cada uma das quais predominando em determinado ponto da cerimônia. O S.·.V.·. tinha a aura de intenso azul elétrico; o P.·. V.·., da cor dourada; o G.·. I.·. T.·., o violáceo; o S.·. D.·., carmesin e o P.·. D.·., amarelo.

54. Por meio desses anjos se constrói o Templo e se derrama a energia. Se os oficiais e os irmãos levantam sua consciência até aos anjos e irmana suas vontades com eles enquanto flui a energia, então se forma um excelente canal da energia divina e vem o auxílio onipotente para o cumprimento da obra.

55. O anjo que representa o V.·. M.·. é muito evoluído. Quando entra na Loja com suas hostes, assume a direção dos trabalhos e presta a atenção para o instante supremo da abertura da Loja.

56. Quando o V.·. M.·. em nome do G.·. A.·. D.·. U.·., declara abertos os trabalhos, seu anjo representativo ilumina com seus raios o seu estado maior e assim refulgem com todo o esplendor de sua formosura natural e de seu colorido. Ao mesmo tempo cada grupo fica enlaçado por uma luz viva com a aura de cada oficial sobre o qual derrama a energia do grupo cada vez que é chamado para tomar parte no trabalho.

57. CADA LOJA REGULARMENTE CONSTITUÍDA ESTÁ A CARGO DE UM ANJO DO SÉTIMO RAIO, EMBORA OS IRMÃOS NADA OU POUCO SAIBAM DESTE ASSUNTO. Todos os anjos auxiliares, os espíritos da natureza e os elementais com seu chefe brilham intensamente e estão dispostos a obedecer a voz de comando. Depois da abertura, estes anjos intensificam o magnetismo coletivo dos presentes com suas luzes. Por tal motivo temos insistido para que os irmãos ponham sua alma e coração nas palavras que pronunciam, porque de seus esforços depende a solidez do edifício mental que constroem.

58. A Bateria tem um significado muito profundo, e é o de comunicar-se com certas ordens de espíritos terrestres. Com a Bateria são atraídos e desvelam-se em servir os que são capazes de invocá-los. A Bateria do Aprendiz forma um ambiente adequado ao trabalho desses espíritos, que acodem com pontualidade e precisão e são capazes de produzir os efeitos necessários quando se lhes ordena. Os anjos das três luzes da Loja encarregam-se de dirigir o trabalho da obra. O anjo do S.·. V.·. dirige o trabalho dos operários do primeiro grau; o do P.·. V.·., os do segundo; o do V.·. M.·., os do terceiro. Os espíritos terrestres, obedientes ao chamado das Baterias, aparecem ao primeiro golpe do M.·. e discretamente retornam à sua situação normal quando outra Bateria lhes anuncia o fechamento dos trabalhos.

59. Os graus na Maçonaria são como os graus do Sacerdócio das igrejas e religiões, os quais, uma vez conferidos, nenhum poder humano os pode anular. As crenças pessoais do Bispo, do V.·. M.·. e dos candidatos não afetam de modo algum a validade do sacramento ou da ordenação e nem tampouco a anulam se estão afastados das obrigações. PORQUE O AMOR DIVINO DISPENSA AS FRAQUEZAS HUMANAS DO MINISTRO OU DO MESTRE, CONTANTO QUE ALIMENTE E CUIDE DE SEU REBANHO.

Quão ignorantes são os que pensam que podem deixar o sacerdócio ou a Ordem depois de serem ordenados e exaltados... Mas, a necedade é uma doença para a qual não há remédio... apesar disso PODEMOS ASSEGURAR QUE A MAÇONARIA, AO COMPREENDER O PERIGO QUE PODEM SOFRER AQUELES QUE SE INICIAM NOS PRIMEIROS GRAUS E DEPOIS ABANDONAM A ORDEM, TRATOU DE MULTIPLICAR OU DESMEMBRAR SEUS GRAUS, E POR TAL MOTIVO A MAÇONARIA NÃO CONFERE OS MESMOS PODERES QUE A IGREJA CONFERE AOS SEUS DIÁCONOS E SACERDOTES, SENÃO, TÃO SÓ, A POUCOS MAÇONS DOS GRAUS SUPERIORES...

60. Depois de rasgar certos véus dos símbolos da Terceira Iniciação Menor e indicar a responsabilidade de cada irmão maçom ante os mistérios sagrados da Instituição, toca-nos agora estudar a Lei do drama solar que dirige o destino do mundo com justiça divina e amor infinito.

5. O drama solar

61. O Cristianismo é o extrato de todas as religiões. Na Religião Cristã estão as crenças, os símbolos, os ritos, as cerimônias, histórias e festas comemorativas em geral; porém, perderam todo o significado místico, que é o mais importante, ficando apenas com o sentido de uma história muito duvidosa. Os sábios compreendem que a maioria dessas narrativas religiosas tem um fundo puramente alegórico. Certas pessoas julgam que seja muito perigoso o estudo mítico e místico do cristianismo, para a própria religião. Essas pessoas que vivem nas trevas, não podem compreender que a ignorância é o maior perigo que ameaça a Verdade.

62. As contradições dos Evangelhos, dos quais burlam os cientistas, isto é, aqueles que se julgam sábios, são provas suficientes para demonstrar a pura verdade da religião de Cristo. Os verdadeiros sábios acreditam num CRISTO REVELADO SEGUNDO O MITO, SEGUNDO A HISTÓRIA E SEGUNDO O ESPÍRITO MÍSTICO. São Paulo, o verdadeiro arquiteto do Cristianismo, assim declarou em muitas ocasiões, em suas epístolas.

A Religião Cristã é, puramente, uma religião solar. A mitologia comparada tem sido uma arma perigosa para o combate a todas as religiões. Os seus mais perigosos golpes foram dirigidos contra o Cristo. O seu nascimento de uma virgem em A NATIVIDADE, a degola dos inocentes, os seus milagres e ensinamentos, a crucificação e ressurreição, a ascensão e demais acontecimentos revelados pela história. Tudo isso nos mostra a identidade das narrativas com outras vidas, surgindo daí a dúvida da existência histórica de Jesus O Cristo.

O mito é uma narrativa dos movimentos que projetam sombras, e a linguagem empregada nessas narrativas é o que se chama LINGUAGEM SIMBÓLICA. Os símbolos representam um alfabeto pitoresco empregado pelos autores do mito; cada símbolo possui um determinado sentido. Sem o conhecimento dos símbolos é impossível a leitura do mito, pois os primeiros autores dos grandes mitos sempre foram Iniciados habituados ao emprego de uma linguagem simbólica em sentido fixo e convencional.

63. Cada símbolo tem um SENTIDO PRINCIPAL, e vários sentidos secundários que interpretam o primeiro. O CÍRCULO, por exemplo, é o símbolo do DEUS INFINITO, mas também simboliza o SOL que, a seu turno, simboliza o LOGOS e a encarnação do LOGOS. Também O ENVIADO, O INICIADO e O INSTRUTOR DO MUNDO SÃO DESIGNADOS PELO SÍMBOLO DO SOL. Pois, assim como o Sol salva o mundo, também o Enviado salva a humanidade. Assim, todo INSTRUTOR ou ENVIADO É UM LOGOS "FILHO DE

DEUS", o qual baixa ao plano material para salvar o mundo das trevas da ignorância e do despotismo como o sol salva a terra da obscuridade do frio e da morte. É ESTE O MITO SOLAR.

64. O Sol é a sombra física do Logos ou assim como a chama do seu corpo. Então a encarnação do Logos se representa por uma sombra e em corpo mortal. O Mito Solar, pois, é uma narrativa na qual, em primeiro lugar, aparece a atividade do Logos ou Verbo no Cosmos, e depois nos fatos de vida de um ser que é uma encarnação do Logos, representado como Deus ou semideus, SENDO QUE SUA CARREIRA SERÁ DETERMINADA PELO CURSO DO SOL, POR SER ESTE ASTRO A SOMBRA DO LOGOS. O Logos Encarnado nasce com o Sol no solstício do inverno; morre no equinócio da primavera e, vencedor da morte, ascende ao céu. O Deus Solar ocupa os seis primeiros meses do ano com um trabalho laborioso, ao passo que os outros seis meses são um período de proteção e de conservação. Nasce sempre no solstício do inverno, após o dia mais curto do ano (no hemisfério boreal) e na noite entre 24 e 25 de dezembro, a noite santa por excelência, em todo o ano. O signo zodiacal da Virgem Imaculada Celestial está sobre o horizonte oriental à meia-noite, e o Sol (Menino) do ano novo dá então começo à sua jornada desde o ponto mais austral, em direção ao hemisfério norte, para livrar essa parte da obscuridade e do frio, da umidade e da fome, que seriam inevitáveis se permanecesse sempre abaixo do Equador.

65. Nasce o Menino Solar DE UMA VIRGEM (signo da Virgem), que está no horizonte e conserva a sua virgindade depois do nascimento do Menino Solar. O Menino é fraco e débil, pois vem ao mundo quando os dias são mais curtos e mais longas as noites, ao norte do Equador. A sua infância está cercada de perigos, porque nesses tempos é mais forte o reino das trevas, e os infantes astros, estrelas e luminares do céu, estão degolados pelo rei da obscuridade. Mas o dia se vai alongando com a aproximação do Menino Sol do equinócio da primavera. Chega, finalmente, a um ponto do seu passo, a crucificação, cuja data varia anualmente.

66. O Deus nascido na aurora de 24 de dezembro é sempre crucificado no equinócio vernal e dá a vida para alimentar os seus adoradores. Tais são as características mais importantes do Deus Solar. É fixa a data do seu nascimento, ao passo que a de sua morte é variável. A primeira corresponde a uma posição fixa do sol, enquanto que a segunda é uma posição variável; pois, a páscoa (de passo) é variável e calculada segundo as posições relativas do Sol e da Lua, porque esta data não se refere à história de um homem, mas, sim, à do Deus Solar.

ÍSIS EGÍPCIA, Maria de Belém, cada uma delas é a Nossa Senhora Imaculada, a Estrela do Mar, a Rainha do Céu, Mãe de Deus. São ambas representadas pela Lua. Ísis com a cabeça coroada com a lua, está coroada com a atração da matéria, ao passo que a Virgem está pisando a lua e é coroada com doze estrelas, ou Espírito dominando a matéria.

67. Ísis é representada com a lua crescente na cabeça, amamentando Hórus. Está sentada numa cadeirinha, enquanto o filho carrega uma cruz sobre os ombros. A VIRGEM DO ZODÍACO é representada em esboços antigos por uma mulher amamentando um menino, que representa o tipo de todas as almas futuras com os seus filhos divinos. Representam Devaki com Krishna nos braços; Ishtar na Babilônia sempre com a coroa de estrelas, e o seu filho Tammuz de joelhos no seio. Hércules, Perseu, os Dioscuros, Mitras e Zaratustra tinham um nascimento tanto divino como humano.

68. Os cristãos dantes sabiam que Jesus não nasceu a 25 de dezembro. Cento e trinta datas foram escolhidas, a princípio, por diversas seitas como dias do nascimento do Nazareno, até que no ano de 357 o Papa Júlio I decretou e São Crisóstomo escreveu em 390: "Este dia 25 de dezembro em Roma, acaba de ser escolhido para o dia do nascimento do Jesus, a fim de que os pagãos ocupados com suas cerimônias (as Brumelias, em honra de Baco) deixem que os cristãos celebrem os seus próprios ritos sem serem incomodados". Muitas fontes históricas temos à mão, mas o que aí está basta.

69. O animal que simboliza o Herói ou Salvador, é o Signo Zodiacal no qual o Sol atinge o equinócio vernal; este varia de acordo com a pressão dos equinócios.

Na Assíria, Oannes tinha por signo Pisces ou Peixes; era considerado sob esta forma, e temos observado que os altos sacerdotes da Babilônia ou Assíria têm suas mitras, adornos de cabeça, em forma de peixe, que representa a fecundidade. Mitra coincide com Tauros, (Touro). Osíris também era venerado sob a forma de Ápis ou Serápis, "O Touro". O Sol em Áries, carneiro ou cordeiro, é o símbolo de Astarte, de Júpiter AMON e de JESUS, O CORDEIRO DE DEUS. Também o Peixe é igualmente aplicado a Jesus, como se vê nas catacumbas.

A morte e a ressurreição do Deus Solar, ou o seu verbo, no equinócio da primavera, ou perto desta data, encontra-se difundida, tanto como o seu nascimento, no solstício do inverno. Todos os anos a morte de Tammuz é chorada na Babilônia e Síria. Adônis é chorado na Síria e na Grécia; ÁTIS na Frígia; Mitra na Pérsia, e Baco e Dionísio, na Grécia. No México encontramos a mesma ideia acompanhada da Cruz. (Williamson, *The Greal Law*, pp. 40-2,157 etc.)

70. Existe um costume, vulgar desde a antiguidade — o de não comer carne quando morre um ser querido. Este costume, demonstrando a aflição e grande tristeza dos parentes, é uma herança de remotos tempos. Quando morreu Tammuz, Ishtar chorou e não aceitou qualquer alimento por causa de sua profunda tristeza. Pois bem, esta tristeza nos legou o jejum que precede à morte do Sol no equinócio vernal (A Quaresma); encontramos esse costume no México, na Babilônia, na Assíria, no Egito, na Pérsia e na Ásia Menor. Sua duração, em certos casos, é de quarenta dias (Williamson: Ob.cit. 120-23.)

O Cordeiro era o signo do equinócio vernal, na histórica época do Cristo; ao passar pela PÁSCOA, o grande círculo do horizonte, "FOI O CORDEIRO DE DEUS CRUCIFICADO NO ESPAÇO".

Essas narrativas nunca se referiram de modo particular a um indivíduo chamado Jesus, Osíris, Krishna ou outro fundador de uma religião, senão ao Cristo Universal. O Cristo do Mito Solar era o Cristo dos Mistérios e O CRISTO DOS MISTÉRIOS É O HOMEM-DEUS OU O DEUS HOMEM: É O CRISTO MÍSTICO.

Em todos os templos de Mistério os Hierofantes ensinaram que existe no Sol uma força espiritual, assim como uma força física. Esta última é a dos raios solares, que fecundam a natureza, como O PAI FECUNDA A MÃE. Produz o crescimento das plantas e, portanto, sustenta e conserva os reinos animais e humanos. É UMA ENERGIA CONSTRUTORA, CRIADORA E FONTE DE TODA FORÇA FÍSICA.

O drama do Cristo Solar e do Cristo Místico é o drama do homem, como veremos mais tarde, pois o homem tem dois nascimentos: um nascimento físico e outro místico. O nascimento físico pode-se dar em qualquer época, mas o nascimento místico por meio da Iniciação, era efetuado, nos tempos antigos, à meia-noite do dia 24 de dezembro, e, durante a cerimónia, o NEÓFITO, o menino, via o SOL ESPIRITUAL (estrela de BELÉM) na casa de carne; via no coração O CRISTO, SEU SALVADOR ESPIRITUAL, assim como o Sol físico era o seu salvador físico.

6. Cada causa tem seu efeito e cada efeito tem sua causa

71. O Princípio de Causa e Efeito expressa a verdade de que a Lei rege o Universo; que a casualidade não existe, pois a casualidade é o nome de uma coisa existente, porém, desconhecida pelo homem. Crer na casualidade seria subtrair os fenômenos do universo ao domínio da lei e da ordem, e deixá-los em poder da arbitrária e cega lei do acaso ou do azar.

72. Nada poderia atuar no universo independente das leis estabelecidas. Não é possível imaginar-se a existência de algo fora e independente do todo; contrariamente, esse algo invalidaria as leis da natureza e submergiria o universo no caos... Então a chamada casualidade não seria mais do que a expressão relativa de causas ignoradas ou difíceis de compreender. Nos próprios jogos de azar rege a lei de causa e efeito... Cada vez que um dado cai à mesa e mostra um de seus seis números, obedece a uma lei tão infalível como a que governa a revolução dos planetas em torno do Sol. A posição do dado, a quantidade de energia muscular empregada para tirá-lo da caixa, a condição da mesa, o sentir interno, a disposição de ânimo etc., são causas invisíveis que produzem um efeito visível. Se fôssemos capazes de examinar as causas determinantes, veríamos que o dado não poderia cair de outro modo nas mesmas circunstâncias e em igualdade de tempo. Nada sucede sem uma causa ou combinação de causas.

73. A lei de causa e efeito refere-se unicamente à sucessão das coisas; isto é, ao resultado ou consequência de outro sucesso precedente, como temos visto e estudado na obra A RELIGIÃO DOS SÁBIOS. Existe continuidade entre o sucesso precedente, consequente e subsequente. Se a telha de uma casa se desprende e cai sobre a cabeça de um homem e o mata, parece-nos à primeira vista um acontecimento casual; porém, estudando detidamente os acontecimentos, veremos que a chuva recente abalou a parede da casa, depois consideramos a posição do homem e logo devemos analisar porque caiu sobre a cabeça desse homem e não sobre a de outros que estavam com ele. Em suma, veria-nos envoltos em uma enorme rede de causas e efeitos.

74. Cada pensamento e cada ato produz seus resultados, que se unem na cadeia interminável de causas e efeitos. Assim como uma pessoa tem pai e mãe, quatro avós, oito bisavós, dezesseis tetravôs e assim sucessivamente, o mesmo acontece no número de causas e efeitos.

75. O livre-arbítrio e o determinismo foram tratados amplamente em nossa obra "A RELIGIÃO DOS SÁBIOS" e na "DO SEXO À DIVINDADE", onde dissemos que nem uma nem outra dessas expressões são inteiramente verdadeiras e são polos de uma mesma verdade. Em resumo: o determinismo ou o fatalismo pertencem exclusivamente à matéria ou ao físico, como o comer, o beber, o dormir etc. Enquanto que o livre arbítrio se relaciona com o espírito e a moral do ser.

Os sábios antigos diziam: "Quanto mais longe está a criatura de Deus, mais atada está; quanto mais próxima, mais livre está".

76. A maioria das pessoas é escrava da herança, do ambiente, das circunstâncias etc., e não pode ter livre arbítrio. Estão contornadas pelos costumes, modas, opiniões e crenças, e vivem pelos seus sentimentos, afetos e emoções; não são donas de si mesmas. Sem embargo, aborrecem-se quando se lhes diz: "sois escravos e não podeis fazer o que queirais"... O adepto pode dominar seus gostos e necessidades, e transmutá-los em correspondentes ao polo oposto mental. Se um homem o insulta na rua, ele reage, mas, ao invés de responder com palavras grosseiras ou com um golpe, ele sorri e segue seu caminho. Este é o livre arbítrio, afeto somente ao espírito e à moral. Porém, o Adepto não pode escapar à lei do fatalismo como quando passa uns dias sem comer; deve, ao terceiro dia, buscar o alimento para sua conservação. Então O FATALISMO É INSTINTIVO E SERVE PARA A CONSERVAÇÃO, ENQUANTO QUE O LIVRE ARBÍTRIO É CONSCIENTE E CONDUZ À PERFEIÇÃO. E assim vemos que os Mestres não escapam à lei de causa e efeito nos planos da vida superior, porém, nesses planos a lei rege também superiormente, e portanto, podem dominar as circunstâncias no plano material, formando parte consciente da Lei ao invés de serem seus cegos instrumentos. São servos nos planos superiores e senhores no material.

77. "NEM UM CABELO CAI SEM A VONTADE DE VOSSO PAI CELESTIAL", disse Jesus. Esta é uma verdade porque não cai sem que o advirta a MENTE DIVINA, porque estão numerados os cabelos de nossa cabeça. Nada está fora da Lei nem ninguém pode contravertê-la.

78. Liberação ou liberdade significa esquecer-se de si mesmo para converter-se em instrumento do ÍNTIMO. Esquecer-se de si mesmo não significa, como muitos acreditam, negar a seu corpo todas as suas justas necessidades, prazer e alegria, e converter-se em asceta, monge ou ermitão; pois, esses seres não são instrumentos do "EU SOU"; ao contrário, estão dominados por uma virtude egoísta, a de salvarem-se a si mesmos. O verdadeiro Super-homem ou Adepto é aquele ser uno com a Realidade, que executa a Vontade do Pai desde o Reino Interno. É como a fonte d'água que dá tudo sem pensar em guardar nada para si ou para amanhã.

79. Muitos falam de reencarnação e da lei de compensação porque leram nos livros de ocultismo; mas ninguém, ou muito poucos o comprovaram por experiência própria. Em certo centro do corpo se encontra o arquivo de todas as vidas passadas, com sua correspondente lei de causa e feito. Porém, devemos dizer que o homem pode à vontade provocar o acontecimento rápido da compensação, e com uma vida poderia pagar tudo. Também com o serviço e o trabalho pode-se esgotar os efeitos das causas e livrar-se de todo o mal.

80. Cada ser elege o corpo no qual vai se encarnar, para alcançar a máxima soma de experiência numa só vida e retornar conscientemente ao íntimo. Quanto maior for uma alma, tanto maiores serão seus sofrimentos. Todos temos que pagar certas dívidas à lei de causa e efeito, antes de podermos entrar no conhecimento de nossas vidas passadas. Do contrário, este conhecimento seria como um castigo ao invés de uma bênção, porque de antemão veríamos nossas desgraças vindouras que nos arrastariam em suas ondas. O Aspirante deve compreender que o "EU SOU" é muito justo em lhe ocultar o futuro, e que somente pela intuição deve se dedicar a reparar males causados aos demais nesta vida como nas interiores.

81. Temos no sexo uma energia criadora ou destruidora, conforme a empregue o discípulo. A inteligência desta energia é um mestre que proporciona o material aspirado o respirado. Se os átomos aspirados e respirados são solares, esta energia-inteligência ascende pelo sistema nervoso em forma de LUZ.

82. A aspiração e respiração puras despertam a energia-luz, enquanto os desejos e as paixões avivam o fogo interno que consome a alma do ser. Quando aquele ascende pelo sistema, abre os sete selos apocalípticos ou centros magnéticos, até sair pela parte superior da cabeça. Então poderá dizer, como o Nazareno: "Eu vou ao Pai — Eu e o PAI somos UM".

83. Quando isto ocorrer, o homem se converterá em Mestre e não antes. Sentirá a Consciência Cósmica, e ante ele se descobrirão os mistérios de sua vida e as atividades da mente humana. Neste estado se aprende, sentindo o modo do manejar os poderes mentais e de curar as mentes enfermas. A inteligência ou M.·. M.·. M.·. lhe guiarão em todas as experiências.

84. O homem tem que passar por três nascimentos antes de chegar a ser Super-homem: o nascimento físico, o nascimento interno e o nascimento interior (Íntimo). Do mundo interno podemos ver nosso adiantamento e evolução desde o princípio de nossa descida à matéria e podemos até ver nosso caminho traçado nele para o futuro. Porém, no mundo Íntimo nos sentimos eternos e que nunca tivemos princípio nem teremos fim.

85. Do mundo interior ou Reino Interior, o homem, com seus poderes desenvolvidos, absorve seu alimento sem prestar atenção aos desejos de seu corpo, assim como atualmente ele respira o ar sem prestar atenção à necessidade dos pulmões. Isto é o que quer dizer o ensinamento: "O Iniciado esquece-se de si mesmo para servir aos demais". Isto é o que significam as palavras de Jesus: "Pedi o Reino de Deus e seu uso justo e tudo o mais vos será dado por acréscimo".

86. O Iniciado geralmente age no mundo mental utilizando a soberana inteligência que reside na mente, para dirigir os demais seres. Este poder se obtém por uma espécie de prática especial, ensinada ao merecedor que pisa na senda. O corpo mental é como um escudo do mestre da mente e sobre o qual estão escritos os conhecimentos dos senhores da mente e as vidas passadas.

87. Os sete selos do Livro Sagrado do Apocalipse, abrem-se facilmente quando se penetra conscientemente no mundo interno e neles são vistas as causas de todos os efeitos e a razão de ser dos resultados e acontecimentos. Neles se descobre a causa de todas as guerras e a razão pela qual a humanidade é castigada.

88. O discípulo analisa às vezes o porquê de sua aversão por certos seres, e vê, ao revisar o passado, que essas pessoas lhe foram a causa de muitos sofrimentos e torturas; porém, também descobre que merecia esses sofrimentos e tinha que pagar suas dívidas. Ao chegar a esta compreensão, reinará em seu coração a paz, e a aversão se tornará amor até para seus próprios inimigos.

89. Os átomos mentais dos homens são arquivos de suas vidas e civilizações passadas, e por meio deles pode ler nos arquivos mentais da natureza e penetrar em sua sabedoria, porque o mundo interno é como um museu permanente, e não há tempo nem espaço. Ali está sempre o "eterno agora", e neles estão escritas as leis ou a Lei de causa e efeito (O KARMA).

Dentro do homem se encontram átomos anjos de suma sabedoria e são eles que constantemente guiam a inspiração do artista ou do autor, para expressar algo que não tenha (tido concebido de antemão, pois esses átomos inspiram inteligências de civilizações antigas. Há muitas pessoas que invejam a sorte dos anacoretas, faquires, religiosos de conventos, e eles são dignos de compaixão. Aqueles que dedicam toda sua vida à contemplação interna, conseguem somente turvar e retardar o próprio crescimento espiritual, porque o verdadeiro desenvolvimento se efetua para fora e não para dentro, como acreditam alguns místicos. Os átomos solares aspirados pelo lado positivo do nariz livram o estudante deste estado mediúnico.

90. O corpo mental é a personalidade do ser e liga-se com os corpos do desejo e físico por uma membrana mental prateada, que está no cérebro. Esta membrana é muito suscetível às emoções e vícios como a cólera, a paixão desenfreada, o álcool etc., que podem causar sua ruptura. Se esta membrana se desgarra, sobrevêm a enfermidade e a loucura, porque por esta ferida penetram átomos e entidades destrutivas e malignas. É a legião descrita pelo Evangelho. Desta maneira eliminam a personalidade do ser e a trocam por outra. O Magista sabe como retirá-la (LEGIÃO) por meios apropriados. "Esses obcecados, encontram alívio nas alturas elevadas porque a densidade desses átomos lhes tira o poder de se elevarem, devido a seu peso, e muitos são abandonados em seu trajeto."

7. Os mistérios iniciáticos do grau

91. O NONO GRAU (MESTRE ELEITO DOS NOVE, OU PERFEITO MAÇOM ELEITO) simboliza perfeitamente o estado da humanidade, porque o número nove é o número do homem.

DECORAÇÃO: Negra salpicada com chamas vermelhas, o que significa ou representa o COSMOS no caos no qual o Espírito voa sobre as águas, e as chamas vermelhas são como vórtices de atividade.

AS COLUNAS: Oito colunas, sendo quatro vermelhas e quatro brancas, representando: as chamas da atividade divina projetaram os quatro elementos da natureza com os quais foi formado o mundo fenomenal. Ou representam o LOGOS com seus sete construtores.

AS LUZES: As oito luzes ao redor do altar têm o mesmo significado. Também podem representar:

"A LUZ BRILHOU NAS TREVAS".

DUAS ESPADAS, UM PUNHAL E UM TRIÂNGULO representam a tríade da qual o homem deve servir-se para degolar os três grandes vícios, que são a ignorância, o fanatismo e a ambição.

A LUZ NO ORIENTE: Representa o pensamento divino que emanou de si o Logos e seus sete construtores.

92. O SINAL. Acometer em frente com um punhal, levar a mão à fronte; então pretender ferir o coração dizendo: "NEKAM". Isso significa que o Iniciado deve ferir seus próprios vícios e erros. "HAKEM" responde levando a mão direita ao coração, o que quer dizer: deve-se converter em executor da lei de causa e efeito. O braço armado não é a vingança nem o castigo da justiça humana; é o símbolo do castigo que recebemos como consequência lógica do mal que tenhamos causado. Nada escapa a esta lei inexorável, e em todos os planos de existência se observa a mesma igualdade. A lei de causa e efeito é a conta corrente que temos de nossos atos bons e maus, e nosso subconsciente ou instinto é o livro onde ficam escritos. Sobre a LEI DE CAUSA E EFEITO se baseiam os estudos a respeito do homem como: Astrologia, Fisiognomonia, Caracterologia, Grafologia etc., como veremos depois.

Desta lei não escapou nem a lei do nosso sistema solar. O crime cometido pelos três meses do ano contra o astro rei de nosso sistema solar traz o castigo sobre eles e sobre os diversos elementos que tomaram parte. As estações do ano lutam contra a morte aparente da natureza. O sol, por sua vez, sofre os mesmos fenômenos em relação com o SOL CENTRAL, e por consequência todos os salvadores do mundo têm que imitar o Logos em sua vida e morte.

93. O TOQUE: Significa A HUMANIDADE DO HOMEM. O dedo indicador é o dedo humano por excelência, e ao levantar-se sobre os demais, representa com o dedo polegar a vontade do homem e seu domínio e superação sobre a natureza exterior e a interior, ambas indicadas pelos quatro dedos passivos.

94. IDADE: 8 e 1 anos completos indicam novamente o número da humanidade.

A DESCIDA DA PRÓPRIA MÃO DIREITA: Relaciona-se com o tremendo castigo aos culpados e também pode significar o suicídio dos dois primeiros lançando-se ao precipício: a queda mortal nas regiões inferiores.

OS SINAIS DESTE GRAU se referem aos quatro centros que são os seguintes:

1) a garganta, órgão do verbo como ponto de partida da investigação e do lugar da descida em busca dos três assassinos;
2) o coração, onde a ambição se refugia;
3) o lugar secreto, assento dual da geração ou degeneração e base de toda regeneração. Ali se retinem as duas correntes vitais e se encontram finalmente os companheiros que atentam contra o Mestre;
4) o LUGAR SAGRADO na base da espinha dorsal chamado o SACRO, sobre o qual se apoia a mão esquerda. Neste lugar se levanta a Árvore da Vida, morada do desconhecido que aparece no momento mais oportuno.

95. A ESTRELA personifica o Guia com seu reflexo terrenal: o Pastor Desconhecido.

96. A MARCHA E A BATERIA acentuam claramente o número nove.

97. AS OBRIGAÇÕES do grau são cinco:

1) O SEGREDO que é necessário por dois motivos: a) porque é o símbolo da veneração para tudo o que é sagrado, para que não seja profanado pelas mentes vulgares incapazes de compreendê-lo; b) porque a existência do segredo, o SIGILO, é o estímulo que nos compele a buscar a perfeição, ao invés de vivermos passivos sobre o que já esteja revelado, embora errado.s
2) A FIDELIDADE e a PERSEVERANÇA nos próprios objetivos do grau: a luta constante contra os três inimigos de nossa evolução. Vencer a ignorância pela VERDADE o fanatismo pela COMPREENSÃO, a ambição pelo AMOR.
3) A terceira obrigação é a VIGILÂNCIA para que estes três vícios não voltem a crescer em nosso ser.
4) A AFIRMAÇÃO destes princípios em nossa vida diária.
5) Espargir a LUZ MAÇÔNICA no mundo profano.

98. A CONSAGRAÇÃO é o mais elevado dos três elementos fundamentais na ordem da Lei Divina, assim como de um progresso alcançado pelo esforço individual.

Ao seu RECONHECIMENTO interior e exterior se juntam mais dois elementos:

A TRANSMISSÃO DE UM PODER no mesmo tempo em que a mente se abre à visão de uma verdade representada pela PALAVRA, e A INCORPORAÇÃO DO NEÓFITO ao Colégio Interno ou Cadeia Iniciática dos quais será elemento integrante para APRENDER AS QUARENTA E NOVE CIÊNCIAS OBRIGATÓRIAS QUE O INICIADO DEVE POSSUIR. O INICIADO, QUE REPRESENTA A SABEDORIA DIVINA, TOMANDO A ESPADA FLAMEJANTE, DÁ SOBRE A MESMA COM O MALHETE, CINCO GOLPES ESPAÇADOS DE UMA MANEIRA SINGULAR. ESTA ESPADA REPRESENTA A ESPADA QUE VIGIA A ENTRADA DO ÉDEN, O QUAL FOI FECHADO PELA QUEDA DO HOMEM na profundidade de uma vida privada, da redentora visão espiritual. HOJE, por meio da Iniciação Real, volta o homem a ingressar no Paraíso Perdido, isto é, no Reino do Céu que está em si mesmo, no seu mundo interior.

99. ATENÇÃO, ATENÇÃO: — Nosso objetivo ao escrever a Série "Esta é a Maçonaria", é devolver à Maçonaria a primitiva glória e seu glorioso brilho. Por este motivo e para este objetivo, devemos estudar e PRATICAR, embora sumariamente, todos os ensinamentos para poder sentir que a Maçonaria penetrou em nós. O Mestre Maçom é o filho da Morte; o Mestre Secreto é o filho do Silêncio, enquanto que o Mestre Eleito é o filho da LUZ.

MORTE? — Sim, morte do que é inferior e mortal, dos vícios, erros, opiniões e falsos juízos, credos e crenças ilusórias, hábitos destrutivos, com o objetivo de renascer para a verdade, para a imortalidade e para a perfeição do ser.

SILÊNCIO? — Sim, silêncio dos pensamentos, desejos e instintos inferiores para que a Presença Divina (EU SOU) faça ouvir sua VOZ DA VERDADE dentro do sentido do ÍNTIMO, DA CONSCIÊNCIA recolhida em si mesma.

LUZ? — Sim, EU SOU A LUZ DO MUNDO, Luz da Verdade e da Vida que está dentro de cada ser. A LUZ ILUMINA TODO HOMEM QUE VEM AO MUNDO, NASCIDA DAQUELE SILÊNCIO QUE FAVORECE TODO CRESCIMENTO E PROCESSO INTERNO.

PARA CHEGAR A SER UM FILHO DA LUZ É NECESSÁRIO SABER, isto é, aprender, estudar; é necessário FAZER, praticar, exercitar; — é necessário OUSAR, matar, aniquilar os próprios vícios, para que a própria Luz ilumine aos demais, e é necessário ainda CALAR, para não deixar que a mão esquerda saiba o que faz a direita. Tudo isto é necessário para converter-se em perfeito, COMO O PAI, CUJO SOL ILUMINA OS BONS E OS MAUS.

IRMÃO, vamos continuar aprendendo e estudando.

8. Conhece-te a ti mesmo pela fisiognomonia

100. A mais alta sabedoria é o conhecimento de si mesmo, porque, como temos repetido, aquele que conhece a si mesmo conhece a Deus. O Iniciado deve aprender as 49 ciências para chamar-se "Iniciado" e converter-se em Deus, e repetir como Jesus, "Eu e o PAI SOMOS UM".

A mensagem imortal do "CONHECE-TE A TI MESMO" aparece com os valores eternos na culminação de todos os conhecimentos do homem que procura indagar o mistério de sua essencialidade.

101. A relação PSICOFÍSICA já não tem discussão dentro da ciência, porque já está comprovado até à evidência que nossas emoções produzem em nosso corpo trocas fisiológicas que podem ser transitórias ou perduráveis, chegando até a modificar o equilíbrio das funções internas do organismo, e ditas emoções se transformam em um estado anímico corrente.

102. Pois bem, dentro do "CONHECE-TE A TI MESMO" se encontram os vários ramos do saber humano, e o objeto deste saber é CONHECER-SE E CONHECER OS DEMAIS,

É CORRIGIR OS DEFEITOS E OS ERROS, E DESENVOLVER AS VIRTUDES E A VERDADE.

103. Sobre esta base foram fundadas as ciências que estudam o homem; entre elas encontramos a CARACTEROLÓGICA, A FISIOGNOMONIA, A QUIROSOFIA, A ASTROLOGIA, A GRAFOLOGIA etc, porém tendo em conta os seguintes pontos:

1º) Estas ciências têm por objeto conhecer o homem, eliminar seus defeitos e desenvolver suas virtudes.
2º) Nunca, jamais, estas ciências, nos tempos antigos, trataram de advinhar o futuro do homem, porque os próprios descobridores desses estudos ensinaram QUE AS ESTRELAS INCLINAM, MAS NÃO PRENDEM, NEM FORÇAM, NEM OBRIGAM, E QUE A VONTADE DO HOMEM DOMINA ATÉ OS DEUSES.
3º) Toda pessoa que diz que sabe o futuro por meio destas ciências e que pode predizer o futuro, é um farsante.
4º) A profecia e o conhecimento do futuro pertencem à QUARTA DIMENSÃO na qual alguns seres de certos temperamentos adequados penetraram e puderam ver o futuro no presente.

Em estudos posteriores falaremos da QUARTA DIMENSÃO, espiritual e cientificamente.

Depois destes esclarecimentos seguiremos nossos trabalhos desenvolvendo aquelas ciências que nos descobrem o homem, cuidando agora da FISIOGNOMONIA já iniciada nos graus anteriores.

CARACTEROLOGIA E FISIOGNOMONIA

104. Os homens se dividem em vários tipos e vamos estudá-los rapidamente:

TIPOS TRIANGULARES: rostos que por sua forma podem encerrar-se em triângulo equilátero.

NATUREZA INTELECTUAL E EMOTIVA. Se a ponta inferior do triângulo é mais comprida, a pessoa é intelectual, enfermiça e nervosa.

TIPOS QUADRADOS: rostos que podem encerrar-se em um quadrado. Representa o tipo de VITALIDADE E ENERGIA MÁXIMAS NO PLANO FÍSICO. MAU INIMIGO PORQUE É INFLEXÍVEL.

TIPOS RETANGULARES: TIPO VITAL, porém, de mentalidade mais flexível e desenvolvida.

TIPOS TRAPEZOIDES: A base maior está para cima. Trata-se de TIPO CEREBRAL E NERVOSO, de maior impulso no terreno das coisas práticas.

TIPOS COM A BASE MAIOR PARA BAIXO: Demonstra um ser INTELIGENTE, PORÉM, DE UMA INTELIGÊNCIA NEBULOSA, LIMITADA E CUJA FUNÇÃO PRINCIPAL SERÁ A DIGESTIVA; tipo gástrico por excelência.

TIPOS HEXAGONAIS: Rostos que podem encerrar-se num polígono de seis lados de eixo médio por cima das orelhas e cuja parte superior do crânio é estreita. TIPO

VITAL TEIMOSO; NELES DOMINA A PARTE INFERIOR DA NATUREZA HUMANA.

TIPOS OVOIDES: Assemelham-se muito aos triangulares. Destacam-se em SUPERIORIDADE, NOBREZA E ELEVAÇÃO DE ALMA QUE PODE CHEGAR À SUBLIMIDADE. MUITOS SANTOS PODEM SER ENQUADRADOS NESTE TIPO.

TIPOS ECLÍPTICOS: Rostos que podem encerrar-se num círculo. São de SENTIMENTOS PASSIONAIS PODEROSOS; SUA INTELIGÊNCIA E POSSIBILIDADES SÃO MUITO LIMITADAS.

105. FISIONOMIA E EXPRESSÃO: Do estudo da fisionomia se demonstra facilmente o caráter da pessoa quando sabemos olhar os detalhes com espírito desapaixonado e analítico. Joan Gaspar Lavater nos deixou, desde o século XIX, um caminho muito bem traçado para o conhecimento do ser humano segundo sua fisionomia.

A CABEÇA É UMA VERDADEIRA SÍNTESE DO CORPO DO HOMEM, POIS É O REGISTRO DIRETO DE NOSSOS ESTADOS DE ÂNIMO, CARACTERES E SENTIMENTOS SINCEROS OU SIMULADOS. Os estados anímicos modelam constantemente nosso rosto.

106. Os estados anímicos modelam constantemente nosso rosto, quando são frequentemente repetidos. Um estado anímico transitório provoca expressão transitória, mas uma repetição mantida deste estado conforme os sinais exteriores da fisionomia, denotando a índole dos sentimentos que prevalecem constantemente em nossa alma. TODO ESTADO ANÍMICO SE FAZ CARNE EM CADA UM DE NÓS OU EM NOSSO ROSTO. Lord Kames disse e com razão: "O caráter do homem pode ser lido em seu rosto". Baseados nesta verdade, vamos interpretar o homem pelo rosto...

107. O que nos diz a fronte?

1. A fronte descobre o intelectual no ser humano.
2. A fronte plana e quadrada expressa positivismo.
3. A fronte alta e grande representa compreensão.
4. A fronte comprida e curta demonstra firmeza e inflexibilidade.
5. A fronte plana sem protuberâncias indica mediocridade.
6. A fronte com desigualdades e convexidades indica capacidade mental.
7. A fronte quadrada demonstra força de caráter, obstinação e falta de sensibilidade.
8. A fronte elevada, sem proeminências, acima das sobrancelhas, assinala sensibilidade e condições para a arte e a literatura e pouca capacidade no plano utilitário dos negócios.
9. A depressão profunda da fronte, muito baixa (quando o cabelo começa à curta distância das sobrancelhas) indica sempre primitivismo e instintividade.
10. Rugas horizontais na fronte indicam indecisão e passividade, enquanto as verticais (cenho) denotam decisão e energia mental.

108. O que nos dizem as sobrancelhas?

1. As sobrancelhas harmoniosamente arqueadas denotam feminilidade, enquanto que as retas expressam masculinidade.
2. As sobrancelhas altas sobre os olhos: se a altura é grande, assinala SUPERFICIALIDADE e pouca observação; se é pequena ou não apreciável, indica discernimento firme e tendência perscrutadora.
3. As sobrancelhas oblíquas inclinadas para o espaço interciliar, expressam força, atividade e dureza. As oblíquas quadradas e tringulares denotam humor e intenção.
4. As sobrancelhas muito espessas assinalam intransigência de ideias e força de caráter.
5. As retas oblíquas com inclinação para as frontes e elevação no espaço interciliar denotam ceticismo e indecisão.
6. As horizontais e muito espessas revelam força de caráter, intransigência, apaixonamento ideológico até um grau de fanatismo absurdo.

Quanto mais perto estejam as sobrancelhas dos olhos, a pessoa será mais individualista e mais profunda. Acontece o contrário quando estejam mais afastadas.

As sobrancelhas em geral são indicadoras da força de caráter e da potência mental. Assinalam também independência de juízo e poder de observação.

109. O que nos dizem os olhos?

Os olhos são as janelas da alma, dizem os sábios, enquanto que o provérbio diz: "Os olhos são o espelho da alma". No órgão da visão reside ALGO MAIS do que a função da própria visão.

Cada órgão externo corresponde a um órgão interno. De maneira que a boca, por exemplo, que é órgão simples externo, corresponde a outro órgão simples interno que é o estômago. O nariz com suas duas fossas nazais corresponde aos dois pulmões. Do mesmo modo, os olhos se vinculam com um órgão dual interno que é o cérebro. Os olhos estão, pois, vinculados ao órgão superior do organismo: o cérebro, e, por isto, quando nos miramos diretamente nos olhos, pomos em comunicação recíproca o mais íntimo de nós mesmos. Em nosso estudo sobre Magnetismo e Hipnotismo detalharemos mais este ponto importante.

110.

1. Os olhos salientes ou saltados expressam loquacidade e memória oral.
2. Os olhos claros gostam da variação; os escuros têm propensão para a intensidade.
3. Os brilhantes denotam entusiasmo e vitalidade; os opacos desinteresse e pouca energia.
4. Os grandes e rasgados assinalam sentimento; os pequenos, penetração e tenacidade.
5. Os de abertura normal, claros e calmos, indicam honestidade e franqueza.

6. Os de abertura exagerada, com pupila a descoberto, denotam um espírito dominador.
7. Quando as pálpebras superiores cobrem uma parte da pupila, denunciam os olhos de um cético. Frequentemente esses olhos estão acompanhados por sobrancelhas oblíquas inclinadas para as frontes.
8. Os olhos cujas pálpebras estão entrefechadas horizontalmente, indicam desconfiança e crueldade.
9. Os entrefechados com arco para cima denotam humor e festividade trocista.
10. Olhos separados entre si, expressam apreciação artística da forma e da cor. Se a separação é pequena e os olhos pequenos, denotam mente estreita e instintividade.
11. A cor branca dos olhos é indício de saúde e normalidade.
12. O branco azulado diz linfatismo e adinamia psicológica.
13. A cor avermelhada expressa processo febril e irritabilidade.

Desta maneira, a cor dos olhos descobre o equilíbrio ou desequilíbrio das combustões no organismo.

111. O indivíduo honesto olha de frente sem insistência e com abertura normal. O colérico e o agressivo olham também de frente, porém, com abertura exagerada. O desconfiado e o medroso olham de soslaio ou "com o rabo do olho". O tímido olha fugazmente e fala com os olhos baixos. Isto demonstra QUE NOSSO EU SE PÕE EM COMUNICAÇÃO DIRETA COM O EU DE NOSSO INTERLOCUTOR ATRAVÉS DO VEÍCULO SUTIL DO OLHAR QUE ESTABELECE CONTATO ENTRE OS CÉREBROS.

112. O QUE SIGNIFICA O NARIZ? O nariz representa um sinal de energia e constitui com o queixo e o cenho os três indícios energéticos básicos do rosto. O nariz ocupa a "área da energia", porém, é também a área do sentimento e do emocional. Os apêndices nasais estão muito relacionados com a vida de seus possuidores. O famoso nariz aquilino de Cleópatra é histórico. Napoleão dizia que preferia para os cargos importantes os "homens de narizes grandes". Há duas classes de narizes: O FEMININO E O MASCULINO — GREGO E ROMANO. Do primeiro herdamos a arte e do segundo, a lei. E assim vemos que:

1. Um nariz grego, delicado, de perfil reto e base horizontal, expressa equilíbrio e refinamento.
2. O reto comprido denota intelectualidade.
3. O que tem elevação na raiz, indica atividade e energia.
4. Elevação na parte baixa da ponta, denota capacidade e cobiça.
5. Curto e largo descobre vitalidade e força.
6. Comprido e fino, expressa facilidade em cansar-se e debilidade.
7. Côncavo "arrebitado", diz temperamento caprichoso e inquisitivo.
8. Comprido de base descendente, indica melancolia e pessimismo.

9. Nariz avultado e informe, denota grosseria, rusticidade.
10. A ponta redonda e base plana e ampla, denota indivíduo amável e bonachão.

113. O QUE SIGNIFICAM OS LÁBIOS? Os lábios foram cantados pelos poetas, assim como o foram os olhos. Eles expressam a gravitação do sensual em nós. O sensual fica situado na parte inferior do rosto. Os lábios representam, como sensação, o inferior da região do sentimento, enquanto que a sensação do superior pertence aos olhos. Também os olhos, por sua vez, são o inferior da zona mental, assim como temos explicado em graus anteriores.

1. Os lábios harmônicos expressam desejos normais.
2. Grossos e avultados denotam sensualidade.
3. Os arqueados para cima indicam vaidade e despotismo.
4. Os arqueados para baixo assinalam naturezas ocorrentes e graciosas.
5. Os muitos finos e apertados dizem frialdade, autocontrole e às vezes crueldade.
6. Se o lábio superior predomina, indica sociabilidade e sensibilidade à adulação.
7. Se predomina o inferior, denota agressividade e insociabilidade.
8. Pequena distância entre o nariz e o lábio superior indica variabilidade de ideias.

9. Grande distância entre o nariz e o lábio superior diz ideias próprias e fixas.
10. Lábios vermelhos denotam sensualidade, e os descoloridos denotam debilidade.
11. O lábio inferior pendente indica indolência.
12. A boca "ladeada" com comissuras levantadas indica ceticismo.

114. O QUE SIGNIFICA O QUEIXO? Já estamos no limite inferior do rosto: o queixo e a mandíbula. O queixo indica vontade.

Portanto vemos que:

1. Uma mandíbula quadrada com queixo saliente indica força física e materialidade.
2. Pescoço curto e grosso, com tal mandíbula, corrobora o já dito anteriormente.
3. Mandíbula estreita e afilada e queixo saliente demonstram debilidade e pouca energia.
4. Queixo saliente numa mandíbula triangular assinala vontade superior e muita sensibilidade.
5. Queixo entrado indica timidez.
6. Queixo com uma cova, denota benevolência.

9. Magia criadora

115. EU SOU cria e trabalha por sua própria criação, porque é o raio da Realidade Divina Criadora do Cosmos. EU SOU não desce para realizar coisas ordinárias e correntes, como creem os religiosos; o homem é que deve elevar-se pela aspiração e pela concentração até Ele. As religiões e seus fiéis criaram deuses à sua imagem e semelhança e creem que podem os seus deuses baixar até eles. Por esse motivo muitas orações ficam sem resposta para quem não penetrou no mundo interior e não compreendeu tampouco que "O Reino de Deus está dentro de nós". Já dissemos que o Eu Superior é quem advoga por nós ante o Eu Sou, isto se nos arrependermos de verdade; nossos erros serão perdoados e então a petição será concedida.

116. Para evitar a má sorte é necessário pensar e desejar o bem-estar e felicidade ao próximo, e este desejo e pensamento impregnam a atmosfera de felicidade e saúde, para a própria pessoa que os deseja. Estes desejos desatam as limitações do ser a quem se deseja a felicidade e recebe-se uma grande sensação de paz e felicidade.

Este é o verdadeiro AMOR que varre com as desditas

humanas para converter os homens em deuses, porque esta energia, ao emanar do interior, banha tanto ao ser que a emite como àquele a quem se dirige.

117. Há duas classes de amor: afetivo e cósmico. O amor afetivo ilumina o coração, porém o cósmico é aquele estado mental de desenvolvimento, de alcance mais além do que o da inteligência que existe no coração. O amor do coração sempre tem algo de humano; o cósmico esquece o humano e se adere à Lei.

118. Em certos momentos o homem pode ver como uma pequena chispa de luz dourada flutua por um instante ao redor de sua cabeça. Esta pequena chispa é de luz pura do espírito e deve comunicar-se, com ela, enviando-lhe sentimentos de amor. Às vezes faz algum sinal que pode ser interpretado como um convite para se penetrar no mundo da verdade. Esta luz tem autoridade sobre a inteligência e pode gerar e ajudar nosso amor para com os demais quando penetramos com a aspiração e com a concentração em seu mundo. Estas chispas são chamadas de astros do EU SOU e são enviadas para eliminar da humanidade o espírito de raça e de egoísmo e fundi-la no crisol de um caráter mais amplo e universal. É muito difícil escapar e sair da corrente racial; é este o caso dos hebreus a quem é impossível sair do espírito da raça. Também existem outras raças que possuem esta individualidade racial, ainda que em menor grau.

119. A mescla de diferentes povos, credos e inclinações sexuais é o oculto desejo manifestado de volver à Fraternidade Universal. O super-homem é aquele que pode ser membro de muitas raças, como pode ser membro de muitas sociedades ou pode estar acima de todas as nações e raças. Este ser é a expressão individual do seu EU SOU. Em muitas raças se encarna o homem e sobretudo nas mesmas que ele odiou, para aprender assim a lição da tolerância e da justiça. Por esse motivo não se deve ofender a nenhuma classe, nação ou raça, porque uma raça perseguida se converte por lei em perseguidora e nociva para a humanidade.

120. "Nas escolas do mundo interno não somos chamados por nossos nomes, e sim, pelos nossos símbolos, que nos foram dados pelo Mestre Interno.

Também em nosso mundo interior temos doze signos do zodíaco, que giram ao redor de nosso íntimo. Estes signos são a história dos estados pelos quais passamos e através dos quais regressaremos. Também temos quatro estações sem dar-nos conta das mudanças que se produzem dentro de nosso próprio ser.

Em cada princípio de uma estação desce aos nossos corpos uma corrente cósmica. As correntes do outono e do inverno nutrem os átomos seminais, e estes no equinócio da primavera fertilizam as células nervosas do cérebro, dispondo ao mesmo tempo desta energia para conservar a saúde do corpo".

Dentro de nós existe um sistema planetário que é a

miniatura do sistema exterior. Nossos planetas internos influem em nossos corpos sutis...

121. Ísis, segundo os egípcios, está coroada de uma lua; Maria, segundo os cristãos, está de pé sobre a lua. Ambas as mães representam a lua e a sabedoria, porque este satélite sempre nos envia as memórias de seus períodos de sabedoria. O mesmo faz o sol e os planetas no firmamento da realidade dentro de nós. Cada planeta tem uma nota que vibra em nosso sistema interno, e graças a isto podemos perceber a música das esferas.

122. Toda pessoa que fala muito de religião e desenvolvimento interno é mentirosa, porque quem alcançou esse desenvolvimento sabe, e quem sabe não fala; porém, aquele que fala nada sabe. Temos que ascender até ao cume para poder descrever todo o panorama. Uma religião é como a luz que ilumina todas as coisas e ninguém pode assegurar que vê a luz melhor do que está sendo vista pelos outros. Discutir arte, religião ou sabedoria é limitar com a consciência o infinito.

123. Antes de desenvolver nosso corpo mental, não se pode dirigir o pensamento ao mundo interior. É necessário aspirar e pensar continuamente, antes de começar a prática interna. Já se disse que o corpo mental é o templo do Mestre Interno, que nos ensina toda a sabedoria que está dentro de nós.

O primeiro ensinamento é a saúde perfeita do corpo, para que o íntimo seja libertado de sua prisão e possa manifestar seu poder positivo sem nenhum entrave por parte das atmosferas objetivas e densas, que nos separam da Divina Herança: O Poder e a Sabedoria de EU SOU.

124. É o átomo ou anjo mestre no corpo mental, o que nos põe em contato com o EU SOU. Depois de aspirar veementemente e desenvolver o corpo mental, penetra o Mestre neste corpo. O Iniciado deve empregar e despertar todos os átomos latentes de seu cérebro, para captar os ensinamentos de seu próprio mundo. O homem trabalha com uma parte muito pequena de seus átomos e não chega a despertar a maioria; por isto nunca aprecia o valor real das coisas, nem sabe discernir melhor que os demais. No corpo mental lemos a sabedoria sem necessidade de estudar os centros — graus — do corpo físico, porque, dele emana a corrente da Sagrada Ciência, do Amor e do Poder.

125. A aspiração intensa infunde a resolução de fazer e o desejo de dobrar. Às vezes fracassa o intento e devemos repeti-lo numa nova existência, no futuro. O fracasso se deve, na maioria das vezes, à energia antagônica que debilita nosso interesse. Com o exercício respiratório de uma maneira disciplinada, pode-se reparar e extirpar o tédio e a preguiça.

126. Do Eu Sou emana uma energia de nossa consciência. Esta energia vista pelos olhos físicos é semelhante à luz do sol, que ilumina uma senda obscura. Esta luz precede o pensamento, ilumina o corpo mental que focaliza os pensamentos para atrair átomos e produzir formas e gravá-las no corpo mental. Estas formas são as que nos ligam ao Mestre Interno; e é o Mestre quem pode evocar o poder latente no sistema nervoso central e desenvolvê-lo. Às vezes sentimos o desejo de fazer algo sem dar-nos conta da fonte de onde procede esta impressão. É a energia de nosso sistema nervoso, manejada pelos átomos resolutos ou determinativos.

127. O mago é aquele que possui autodeterminação ou reta direção da vontade. A energia determinativa não tem relação com a vontade individual, que na maioria dos casos é o capricho personificado. O mago deixa que a natureza obre, depois de corrigir o erro. Só é mago aquele que é firme na sua aspiração.

128. A inspiração é a energia que surge desde o nosso sistema nervoso, registra qualquer outra atmosfera e nos dá o poder de manejar a mente alheia com o nosso pensamento. O mago sabe que a natureza não outorga nenhum poder ao aspirante, até que este renuncie a toda vontade pessoal. A vontade pessoal encadeia na terra o homem até depois de morta.

O mago e o ocultista não renunciarão a nada na vida. O mago somente renuncia o capricho chamado vontade pessoal.

Também o mago sabe que o domínio é negativo e destrutivo enquanto que a direção é positiva e construtiva. Então o Mago dirige e não domina.

129. Escolas e religiões aconselham conservar as energias criadoras e dominar a natureza sexual INFERIOR, porque o fluido vaporoso do sêmen é justamente a energia decisiva da Natureza. O homem gasto e impotente é débil, covarde e indeciso. O mago chamado negro ou egoísta emprega esta energia para obter o poder pessoal, enquanto que o branco ou altruísta evoca sua força superior para aliviar os demais, e então a natureza infunde nele seu ideal e o ilumina interiormente, afastando assim toda ilusão enganadora e daí começa a "conhecer-se a si mesmo" ou a conhecer o EU SOU sentindo-o e agindo debaixo de sua direção.

130. Todo homem está encadeado por átomos do inimigo secreto, que ele mesmo criou. Esta sua própria criação deve ser dissolvida por meio da Energia Criadora, que é fogo e luz, e que proporciona saúde e bem-estar em todos os mundos. O aspirante que depura sua energia criadora pela aspiração, respiração e pensamento, depois de algum tempo desta prática, sente certa aversão por algumas comidas e bebidas que congestionavam seus intestinos com átomos nocivos, produzidos por estas comidas e bebidas. A constipação é o primeiro sintoma da morte, que penetra pelo canal seminal e produz certas nuvens de depressão. Uma mente deprimida nunca forma um mago. A prisão de ventre produz infalivelmente a depressão do ânimo.

131. Deve-se praticar constantemente este exercício para manter a elasticidade do tronco e ter sempre desperta a energia criadora: colocam-se as mãos sobre as costelas inferiores e faz-se girar o corpo da direita para a esquerda.

Tem que se tomar muita água entre as refeições para eliminar as impurezas do corpo. Com estas práticas os intestinos cumprem sua missão e a energia invade todo o organismo. Uma vez curada a constipação, já é mais fácil o domínio da natureza sexual inferior.

132. Devemos falar algo sobre a harmonia no matrimônio; nenhum cônjuge pode ter respeito ao seu companheiro se este não possuir energia sexual superior.

10. O Cristo místico

133. Muitas pessoas têm duvida da existência histórica do Cristo. Deixemo-las em suas divagações, pois não temos tempo a tratar de demonstrar a existência do Sol.

A narrativa da descida do Verbo ao seio da matéria é tão perfeita, tão verdadeira quanto a descida do EU SOU AO MEU CORPO.

134. Jesus identificou-se com Cristo O VERBO POR QUEM TODAS AS COISAS FORAM FEITAS. Para as igrejas este fato divino tornou-se datas históricas de quem consideravam a Divindade Encarnada (Cristo Místico). Assim como o CRISTO DOS MISTÉRIOS, O LOGOS, a SEGUNDA PESSOA DA TRINDADE, é o Macrocosmo — assim também o Microcosmo encerra e representa o segundo aspecto do Espírito Divino chamado, por isso, CRISTO. O segundo aspecto do Cristo dos Mistérios é, portanto, a vida do Iniciado, a vida do SEGUNDO NASCIMENTO NO REINO INTERNO. Durante esta Iniciação Interna, o Cristo nasce no homem, e mais tarde se exalta para tornar mais intelectual ao Iniciado a natureza do Espírito nele.

Somente por meio do AMOR pode o homem aspirar à

Iniciação. Pelo Amor verdadeiro pode o homem tornar-se "puro, santo, sem mancha, vivendo sem transgressão", chegando assim a ser Iniciado, a SER CRISTO CONSCIENTEMENTE. Este é o caminho das provas que leva à "PORTA ESTREITA", "AO CAMINHO DA SANTIDADE" e, pois, "AO GÓLGOTA COM A CRUZ ÀS COSTAS".

O Cristo Sol no homem é O FOGO DIVINO DA ALMA, que se deve CONVERTER EM LUZ; "O NOSSO DEUS É FOGO", disse Moisés. É o Menino que nasce com o homem no presépio, na casa de carne (BELÉM), o corpo físico.

O candidato deve desenvolver estas qualidades de uma maneira perfeita, antes que o Cristo possa nascer em si. Deve preparar a morada para este MENINO Divino que vai crescer dentro dele. Os preceitos necessários para desenvolver essas qualidades estão perfeitamente traçados no SERMÃO DA MONTANHA, e nada mais temos que dizer sobre esse particular.

135. O MAIOR MISTÉRIO DO CRISTIANISMO ESTÁ ENCERRADO NOS CATORZE VERSÍCULOS DO PRIMEIRO CAPÍTULO DO EVANGELHO DE SÃO JOÃO:

1. No princípio era o Verbo, e o Verbo estava com Deus, e o Verbo era Deus.
2. Ele estava no princípio com Deus.
3. Todas as coisas foram feitas por Ele e, sem ele, nada do que foi feito se fez.
4. Nele estava a vida, e a vida era a LUZ dos homens.
5. E a Luz resplandeceu nas trevas, e as trevas não a compreenderam.

6. Houve um homem enviado de Deus, cujo nome era João.
7. Este veio como testemunha, para testificar a Luz, para que todos por ele cressem.
8. Ele não era a Luz; veio para testemunho da Luz.
9. Aquele era a Luz verdadeira que ilumina o homem que vem a este mundo.
10. Ele estava no mundo e o mundo foi feito por Ele; e o mundo não o conheceu.
11. Veio aos seus, e os seus não o receberam.
12. Mas a todos os que o receberam lhes deu o poder de serem filhos de Deus, aos que creem em seu nome.
13. Os quais não são gerados pelo sangue, nem pela vontade do varão, porém, de Deus.
14. E aquele Verbo foi feito carne e habitou entre (em) nós, e nós vimos sua glória de Unigênito do Pai, cheio de graça e de verdade.

Todas as religiões, antigas e modernas, colocaram e colocam sobre altares a imagem de um homem ou de uma mulher, para simbolizar o poder Divino e Adorá-lo. A Arca de Noé, a Terra Prometida, o presépio de Belém, o Santo Sepulcro, o Tabernáculo, Jerusalém, o Templo de Salomão etc. etc. não são mais que o mesmíssimo corpo humano onde arde o Fogo Crístico.

O homem é um sistema Universal composto por astros, planetas, sóis, luas, cometas, vias lácteas e constelações; deve seguir a mesma LEI DO SISTEMA MAIOR. Quanto mais perfeito é o homem, tanto maior cumprimento dá a estas leis, como o fez Jesus o Cristo. Nós também "devemos chegar, algum dia, à estatura de Cristo".

136. Há uma só religião com muitas instituições religiosas, assim como há uma única humanidade com muitas raças e costumes. O grande Arcano das religiões, como temos visto, está no poder do Fogo Crístico e da Luz Inefável. O Sol, sempre o Sol, era adorado como o GRANDE FOGO que ardia no meio do Universo, ao passo que o fogo Divino está mais além do Sol físico. Por este fogo Divino interno, que foi adorado no princípio, o homem nos deixou um símbolo no archote, na espada flamejante e na coroa de ouro cujas pontas se assemelhavam aos raios solares. Todos os homens-Deuses tinham nomes que significavam FOGO-LUZ: Júpiter, Apolo, Hermes, Mitra, Baco, Odin, Buda, Krishna, Zoroastro, Fo-Hi, Agni, Hiram Abiff, Sansão, Joslé, Vulcano, Alah, Bei, Baal, Serápis, Salomão, Jesuha (Jesus) e muitas outras divindades cujos nomes significam manifestações de Luz.

A tábula de Prometeu é um véu da Verdade: a alma humana, ao possuir o fogo divino da humanidade, empregou-o para a destruição; foi encadeada à rocha (corpo) e devorada pelo abutre (dos desejos) até que um homem conseguisse dominar o fogo e se tornasse perfeito. Esta profecia foi cumprida por Hércules (Cristo) que, (nascendo como Luz no mesmo fogo da alma), libertou a que, há tantos anos, estava submetida ao tormento (nascendo no seu coração pelo segundo nascimento ou Iniciação).

A Luz que brilha no sistema nervoso é o medidor entre Deus íntimo e o homem externo. É a ponte que une o Espírito à Matéria. Por causa desta Luz é o Filho do homem chamado Filho de Deus. Os filhos da Luz conseguiram ver o Sol Interno INVISÍVEL. As antigas religiões buscavam a maneira de captar o fogo cósmico que circulava no éter; por isso, valiam-se os sacerdotes de plantas, de animais e de metais de propriedades absorventes dessa Luz Invisível. O Cristianismo emprega o fogo, em seus ritos, com o incenso, para simbolizar que, assim como o fogo queima o incenso e este se converte em fumo perfumador, assim também o fogo Divino, no homem, consome tudo quanto há de grosseiro da alma, para convertê-la em fragrante perfume. Os campanários, as torres, os obeliscos e as pirâmides são símbolos nativos do fogo.

O ouro dos templos tem a cor da Luz Solar. Os círios acesos nos altares representam o fogo Divino. A pequena lâmpada vermelha, com óleo de azeitona, que ilumina o altar, é o mais importante; é o símbolo de IEVE: Adão-Eva — O Senhor Construtor das Formas.

O azeite é o símbolo do sangue: este mantém a chama sagrada do homem, assim como a outra sustenta as chamas físicas.

O sangue é o veículo da chispa Divina. Esta chispa move-se com a corrente sanguínea e não se encontra em qualquer ponto particular do organismo. A vibração desta Chispa pode ser dirigida e localizada em qualquer parte do corpo por meio da vontade concentrada. O sangue incendeia-se nas veias e manifesta o FOGO DIVINO Interno.

137. O Iniciado participa do Divino Poder Solar. Transfigura-se. Este poder se manifesta em forma de auréola de Luz ao redor de sua cabeça, porque o fogo do E. S. no Sacro se converte em Luz no cérebro, e o Iniciado se converte em Onisciente sem necessidade do Intelecto. Esta auréola de Luz, com o tempo, converte-se em diadema para o rei, mitra para o bispo, disco de Luz para a cabeça dos Santos. O Fogo Criador, ao subir pela espinha dorsal e, finalmente, chegar ao terceiro ventrículo do cérebro, toma uma formosíssima cor dourada, irradia-a em todas as direções, formando uma coroa sobre todo o osso ocipal em forma de leque. Esta Luz significa a Regeneração do homem que alcançou a "estatura de Cristo". Ela muda de cor conforme o pensamento: a pureza a converte em branca; a espiritualidade, em azul; o Saber, em amarelo; o amor, em cor-de-rosa etc. Temos hoje muitos meios de demonstrar estes fenômenos e muitos homens de ciência estão ocupados no estudo da aura humana.

Temos já dito que o homem deve ter dois nascimentos: físico e espiritual. Tem que ser homem e Cristo ao mesmo tempo. Vamos agora tratar de decifrar o mistério do Cristo no homem físico, assim como deciframos o significado do Cristo Solar.

O grânulo de vida está depositado no útero materno, porta da vida, durante nove meses; após esse tempo, nasce, e a Alma-Cristo está no casebre do coração, no corpo (capa de carne). O Menino-Cristo no homem está rodeado de animais, a ignorância do burro, a debilidade do cordeiro e a brutalidade do touro. O rei das trevas, no corpo, com a ambição e orgulho, quer matar o novo Rei nascente, para livrar-se do remorso e ter a ampla liberdade de seguir os desejos da carne. O Neófito é atacado pelo fantasma do umbral no segundo nascimento e é perseguido por todas as hostes do Inferno (mundo inferior). Foge, então, para o Egito, isto é, refugia-se no mundo interno, abandonando as tentações do corpo e suas paixões, a fim de crescer espiritualmente e voltar, depois, ao cumprimento de sua missão na vida. Assim como o Sol percorre aparentemente os doze signos zodiacais, também assim o Espírito Crístico tem que percorrer todas as dependências do seu sistema no corpo que é a miniatura do Universo. A cabeça é o Oriente do homem, donde sai o Sol-Cristo. O Iniciado deve dirigir sempre seus pensamentos e suas práticas para o cérebro onde tem a raiz de sua Trindade. A porta para o Oriente é o coração por onde deve entrar o Neófito ou o recém-nascido que é conduzido para as piras do Batismo (que se acham no fígado, órgão que forma, por suas emoções e desejos o corpo astral ou de desejo); ali é ele balizado e submetido à prova d'água, que significa o domínio do desejo. O recém-nascido jura ante o altar no coração, onde brilham um Sol e seis luminares (O sol foi depois representado pela custódia, símbolo do sol resplandescente ou símbolo do FOGO DIVINO; os seus centros magnéticos ou planetas são simbolizados pelos seis círios).

O CHRESTOS (em grego significa BOM) é uma qualidade que deve ser adquirida antes de se poder tornar UM CRISTO, UM UNGIDO. Após haver chegado a viver uma vida virtuosamente exotérica, poder-se-á começar a viagem ou o caminho para a Iniciação, a senda da provação — a senda que conduz à porta estreita — caminho da Santidade — Caminho da Cruz. O aspirante deve adquirir as sete virtudes para "sentir o ardor pela felicidade de ver a Deus e de unir-se a Ele" (São Mateus V., 8).

138. O Espírito que mora no corpo é um fragmento invisível de Deus. É trino, por ser Deus. É Poder, Amor e Saber. O Pai é o Poder; O Filho é o Amor e o E. S. é Saber. A Iniciação consiste em deixar a completa liberdade ao Íntimo para que atue por meio dos seus três atributos O Cristo Místico, pois, é o SER INTERNO do homem e, por conseguinte, é DUPLO. É o Logos, Verbo ou Segunda Pessoa da Trindade, que baixa à Matéria. Em seguida o Amor, segundo aspecto do Espírito Divino, faz evoluir o homem. Um representa os processos cósmicos no Mito Solar; o outro representa o processo que se passa no indivíduo. Ambas essas fases, a Solar e a Individual, se encontram na narrativa dos Evangelhos; sua união nos apresenta uma imagem do Cristo Místico. O Cristo Cósmico, a Divindade que se envolve com matéria, é a encarnação do Logos ou Deus feito carne. Esta Matéria-Mãe recebe da Terceira Pessoa da Trindade, o Espírito Santo, a vida que a anima e lhe permite tomar forma. A Matéria condensada é modelada em seguida pelo FILHO, segundo Logos que se sacrifica encerrando-se ou crucificando-se a fim de se tornar "HOMEM CELESTE".

Do seu corpo fazem parte todas as formas. Tal é o

processo cósmico dramaticamente representado nos Mistérios.

"O ESPÍRITO DE DEUS PAIRAVA SOBRE AS ÁGUAS". E AS TREVAS ESTAVAM SOBRE A FACE DO ABISMO", disse o Gênese.

Logo lhe foi dada a Forma pelo Logos: "TODAS AS COISAS FORAM FEITAS POR ELE E NADA FOI FEITO SEM ELE", disse São João no seu Evangelho.

Uma vez terminado o trabalho do Espírito, o Cristo Cósmico e Místico pode revestir-se de matéria, entrando no seio da Virgem Matéria. Esta Matéria foi vivificada pelo Espírito Santo a fim de receber o segundo Logos, e, assim, Cristo se encarna e se faz carne; a vida e a matéria O envolvem com uma vestimenta dupla. Tal é a descida do Logos na Matéria, descrita com o nascimento do Cristo de uma Virgem. Isto se torna em Mito Solar, esse é o nascimento do Deus Sol no momento em que o Signo VIRGO ou Virgem se levanta no horizonte. Começam aqui os símbolos e as lendas. O Menino nascido está sujeito a todas as debilidades infantis. Ele, então, representa A ALMA FRÁGIL QUE NASCE PARA A EVOLUÇÃO. A Matéria o aprisiona para o matar, ele, porém, lentamente triunfa e modela o corpo para um destino sublime. Consegue a madureza do corpo e se crucifica nessa matéria com a finalidade de derramar da cruz todas as energias de sua vida sacrificada em benefício do progresso da criação.

Padece, depois morre para os sentidos e é sepultado, mas levanta-se com o corpo astral radiante que torna veículo ou vestimenta (da alma) que vive através das idades.

A crucificação do Cristo é uma parte do grande sacrifício cósmico. Todas essas alegorias da crucificação nos mistérios se materializaram até ao ponto de tornar-se em verdadeira morte de uma pessoa, sofrida na Cruz e em um crucifixo levado por um ser humano que expira.

139. Toda esta história é hoje a história de um homem; foi aplicada ao Instrutor Divino Jesus e transformou-se numa história de sua morte física, assim como o seu nascimento de uma Virgem; a infância rodeada de perigos. Sua ressurreição e ascensão chegaram a ser assim como incidentes de sua vida. Os Mistérios desaparecem, mas as lendas chegam a ser a vestimenta do Instrutor da Judeia. O Cristo Cósmico desaparece no Cristo Histórico. PARA OS INICIADOS PORÉM, O CRISTO ERA, É E SERÁ SEMPRE O DOS MISTÉRIOS, QUE ESTÁ INTIMAMENTE LIGADO AO CORAÇÃO HUMANO — O CRISTO do ESPÍRITO HUMANO — O CRISTO QUE EXISTE EM CADA UM DE NÓS, QUE ALI VIVE, É CRUCIFICADO, RESSUSCITA DENTRE OS MORTOS E SOBE AO CÉU, EM MEIO DOS SOFRIMENTOS E DO TRIUNFO DE TODO "FILHO DO HOMEM". A vida de todo Iniciado nos Mistérios Celestes está traçada em grandes linhas na biografia dos Evangelhos. Por isso São Paulo fala do nascimento, da evolução e do desenvolvimento completo do Cristo no discípulo. TODO HOMEM É POTENCIALMENTE UM CRISTO E SEGUE DE UM MODO GERAL A NARRATIVA DOS EVANGELHOS NOS INCIDENTES PRINCIPAIS; mas, como já temos visto, estes têm um caráter universal e não particular.

Cinco grandes Iniciações esperam o aspirante a Cristo. A primeira É O SEGUNDO NASCIMENTO DO CRISTO NO CORAÇÃO, POIS O DISCÍPULO NASCE NO REINO DE DEUS INTERNO, COMO UM MENINO. "SE NÃO VOS TORNARDES COMO MENINOS, NÃO ENTRAREIS NO REINO DOS CÉUS", DISSE JESUS. Jesus nasceu na caverna (é a gruta da Iniciação conhecida pelos antigos como a "Caverna da Iniciação"). Em cima da gruta brilha a ESTRELA DA INICIAÇÃO, cuja Luz resplandece pelo nascimento da LUZ INEFÁVEL. Sua vida está em perigo por causa das tenebrosas potências do mal. Apesar de todo o perigo, alcança o estado viril, porque uma vez nascido, não pode o Cristo morrer; tem que terminar sua evolução no homem. — Sua vida se expande em beleza e força, crescendo em sabedoria e espiritualidade até alcançar a Segunda Iniciação.

140. A Segunda Iniciação é o Batismo da Água ou o domínio de todos os desejos, o qual lhe confere os poderes necessários a um Instrutor. Então, descendo o Espírito Divino sobre Ele com a glória do Pai Invisível ilumina-o, e assim chega a ser "O FILHO BEM AMADO", A ELE SE DEVE ESCUTAR.

Logo Ele é levado ao deserto da Matéria para ser tentado. O inimigo secreto, que reside no baixo-ventre ou no inferno (parte inferior do corpo), esforça-se por lhe mostrar a dificuldade de seguir a senda, e convida-o a servi-lo, para a sua própria tranquilidade e proveito pessoal. Ele, porém, vence, o Tentador e a Tentação e volta aos homens, a fim de alimentá-los com o pão da vida e curá-los de suas doenças.

Depois de tantos serviços impessoais e sofrimentos internos, galga a montanha sagrada da Terceira Iniciação, onde se transfigura, tornando-se tão radioso quanto o Sol.

Estará, então, preparado para o BATISMO DO FOGO ou o BATISMO DO ESPÍRITO SANTO e a entrada na última etapa do caminho da Cruz. É, então, perseguido e vitupe-rado; contudo, não deixa de crescer a vida do amor. Bebe o cálice amargo da traição, do abandono e é negado por todos os seus. Anda desapreciado pelos homens, carre-gando a cruz na qual deve morrer, renunciando à vida do mundo inferior. Cercado de inimigos triunfantes, o seu heroico coração lança um grito ao Pai que parece tê-lo abandonado e, então, abandona o corpo de desejos. Ele, o Iniciado, desce aos Infernos para poder salvar os que pedem auxílio e os átomos que desejam trabalhar sob o estandarte do EU SUPERIOR. Volta depois à Luz abando-nando as trevas inferiores com o sentimento de que é o FILHO INSEPARÁVEL do PAI.

Uma vez terminados os seus deveres na vida terres-tre, sobe Ele ao Pai, por meio da Quinta Iniciação, porque já está unido ao Deus Íntimo.

É esta a história do Cristo e dos Mistérios, ou o Cristo dos Mistérios sob o duplo aspecto — Logos e homem — Cósmico e individual.

Jesus é considerado como o Cristo Místico Huma-no que luta, sofre e, finalmente, triunfa. É o homem em quem a humanidade se vê crucificada e ressuscitada, cuja história promete uma vitória a todos os que, como Ele, sejam fiéis até à morte e além da morte.

11. O mestre eleito dos nove ou o perfeito maçom deve ser poderosamente magnético

141. O Mestre ELEITO DOS NOVE OU O PERFEITO MAÇOM deve desenvolver sua atmosfera pessoal e sua magnitude individual, cultivando e desenvolvendo o magnetismo pessoal e concedendo tanta atenção e estudo prático à fase física como à fase mental, em seu crescimento ou progresso.

142. Neste Grau o Maçom deve dedicar-se a estas práticas e estudos e tratar de adquirir, o mais que possa, magnetismo mental, que deve sempre ser acompanhado do magnetismo físico. As fases do magnetismo têm que ser desenvolvidas e combinadas harmoniosamente!

Neste NONO GRAU — DO MESTRE ELEITO — temos que nos dedicar ao completo estudo do Magnetismo de seu desenvolvimento paulatino e perfeito em O PERFEITO MAÇOM, porque, sem este trabalho e sem este desenvolvimento, o maçom NÃO PODE SER PERFEITO NEM MESTRE ELEITO. Uma ciência sem prática é como um cadáver que estorva, portanto: Mãos à Obra.

143. Antes de tudo devemos saber que a geração e emprego do magnetismo ou a atmosfera pessoal, produz calor que aumenta a temperatura do cérebro. Esta energia cerebral é tão efetiva e ordinariamente usual como a de um ímã, e está sujeita às mesmas leis.

144. O magnetismo e a energia mental se difundem por toda parte ao seu redor e estendem-se muito além dos limites dos seus órgãos geradores. A transmissão de pensamento e a telepatia têm induzido os cientistas a admitirem que o cérebro é muito radioativo, e constantemente emite corrente de energia mental.

145. Em diferentes partes do corpo humano formam-se nós ou ligações nervosas chamadas gânglios, que sendo de regular tamanho, recebem o nome de plexos, dos quais o maior é o plexo solar situado na parte posterior da boca do estômago. Por meio destes centros o homem recebe e emana magnetismo através dos nervos que regem toda parte do corpo. Logo a Energia Nervosa é o polo físico do magnetismo pessoal que irradia os nervos e mormente os plexos.

146. Todo lugar frequentado pelo público tem uma atmosfera peculiar que o distingue dos demais. Assim vemos que os teatros, igrejas, cinemas, tendas, bancos, casas, ruas etc., são como as pessoas, antipáticas e simpáticas; quero dizer, possuem individualidades e atmosferas mentais próprias, ou seja, auras psíquicas de seus acostumados frequentadores.

147. As mais vigorosas atmosferas mentais são as de pessoas de intensas emoções, desejos e sentimentos. Portanto, tem que se manter e fomentar os pensamentos e emoções, os estados e atitudes da mente e de ânimo que por sua harmonia possam influir beneficamente nos demais. TEMOS QUE VARRER DA MENTE OS MAUS PENSAMENTOS QUE FORMAM UMA SINISTRA ATMOSFERA, E O HOMEM SE TORNA MAGNÉTICO E ATRAENTE.

148. LEIS:

A ação da vontade intensifica as vibrações da atmosfera mental. O magnetismo acumulado forma ao redor do ser uma aura que influi em quantos dele se acercam.
A geração da energia nervosa se efetua no interior do sistema nervoso. A mente projeta a energia nervosa na atmosfera e à longa distância em especiais condições.
O CÉREBRO, O CEREBELO e OS PLEXOS, sobretudo o SOLAR e o SACRO, são os acumuladores de energia.

149. ATIVIDADE MAGNÉTICA:

Atualizando as faculdades psíquicas, a aura ou a energia nervosa se estende em toda direção, até a distância de um metro da superfície do corpo. Sua forma é oval com uma cor parecida com a de uma chispa elétrica. O ser puro projeta uma energia, de seu corpo, em forma de labaredas. As ondas mentais sem correntes de energia nervosa, são vibrações frias, sem vida nem atividade.
O orador, o mestre, o conferencista não podem comover o público se carece de vigor e de magnetismo.

Para ser magnético é necessário absorver grande quantidade de energia nervosa, extraindo-a da atmosfera, mediante A RESPIRAÇÃO e logo DISTRIBUIR A ENERGIA ABSORVIDA NOS PRINCIPAIS CENTROS NERVOSOS do corpo.

150. LEIS CÓSMICAS:

Todo ser humano, segundo seus hábitos de respiração, absorve a energia nervosa, ou dizendo melhor, absorve o alento de vida que se converte em energia, magnetismo, saúde etc.
Todo ser robusto sói respirar profundamente; o enfermiço respira irregularmente. Todo ser que respira mal, é enfermo.
Cada estado mental ou físico provoca um determinado ritmo respiratório.
Também cada respiração de um particular ritmo respiratório determinará a correspondente condição mental ou física.
Se o indivíduo respira como se estivesse assustado ou colérico, não tardará em experimentar a emoção de temor ou de cólera, segundo o caso.
Com o ritmo da respiração suave e cadenciado, experimentará os sentimentos de paz, confiança e domínio de si mesmo.
Para não perder o equilíbrio psíquico ante a provocação e manter-se equânime sem perder a serenidade, é suficiente reprimir a propensão do ritmo respiratório de entrecortar-se ofegantemente E MANTER A NORMALIDADE DO RITMO RESPIRATÓRIO.

151. LEIS GERAIS DA RESPIRAÇÃO:

Há um ritmo empregado pela natureza para restaurar a energia esgotada de um sistema. A deliberada assunção do natural ritmo respiratório capacita o indivíduo para absorver rapidamente a energia nervosa plena do magnetismo necessário para empregá-lo na sua obra.

152. DISTRIBUIÇÃO DA ENERGIA:

A natureza nos ensina como distribuir a energia absorvida:

Depois de um grande esforço, a natureza nos induz a espreguiçar-se com um longo e profundo suspiro ou como se observa ao levantar-se de manhã. Logo o espreguiçamento é algo mais que um indício de preguiça ou cansaço, tédio ou fadiga. É uma ação instintiva do organismo desgastado de energia, que pede um novo fluxo da mesma, e que a natureza se apressa em proporcionar. Todo esgotamento cerebral, nervoso ou muscular, produz o espreguiçamento para vigorar as células nervosas, cerebrais e musculares mediante a energia dimanente da mesma fonte.

153. O mistério consiste em distribuir a energia magnética a todos os membros do corpo para que o indivíduo se converta em potente dínamo magnético.

154. EXERCÍCIOS PARA ACUMULAÇÃO DO MAGNETISMO: RESPIRAR FUNDO E RETER A RESPIRAÇÃO.

1º Estendido de costas na cama, levantar os braços em direção ao alto sobre a cabeça em toda sua longitude, e depois baixá-los lentamente, até sua posição natural aos lados do corpo. Fazer este exercício sete vezes respirando.
2º Estender os braços horizontalmente e volvê-los junto ao corpo, durante cada respiração rítmica: 8-4-8-4. Isto é, respirar durante 8 palpitações do coração, reter durante 4 palpitações, expelir durante 8 e reter os pulmões vazios durante 4 palpitações do coração.
3º Estender as pernas, abri-las e juntá-las em repetidos movimentos, seguindo sempre o ritmo da respiração.
4º Estirar o pescoço para todos os lados, sempre com a respiração.
5º Sentado ou de pé, mover as mãos em todo sentido concernente à articulação da munheca.
6º Sempre respirar antes do exercício. Com os pés descalços, com eles praticar, os mesmos exercícios descritos para as mãos.
7º De boca para baixo e estendido, repetir o exercício anterior e assim se põem em atividade alguns músculos que permaneciam inativos no precedente exercício.
8º De pé, com as pernas bem abertas, os braços estendidos como em forma de cruz, ou melhor dito, como a estrela microcósmica ou a cruz aspada, respirar e aspirar, sem demora, profundamente. Levantar na ponta dos pés e estender o corpo como se intentasse tocar o teto. Cada exercício deve ser repetido sete vezes.

Não obstante sua simplicidade, estes exercícios produzem efeito muito eficaz, porque, por meio da estensão dos membros expremenos o magnetismo físico desgastado, e mediante a respiração rítmica que sempre deve acompanhar os exercícios, absorvemos nova energia, que se acumula nos centros nervosos para satisfazer oportunamente as necessidades do organismo.

Os exercícios físicos moderados e acompanhados com a respiração rítmica, produzem maravilhosos efeitos nos sadios e nos enfermos.

155. A VONTADE é a mais poderosa de todas as faculdades mentais do homem; entretanto, a mais difícil de definir. Contudo, podemos dizer para realizar nosso trabalho: a vontade é o poder interno que capacita o homem para atuar.

156. Quem está consciente de seu poder magnético, pode por um ato voluntário projetar sua energia. No aperto de mão se projeta, quase sempre, este poder invisível dos seres magnéticos. O indivíduo magnético pode projetar seu magnetismo em corrente direta por sensível esforço de sua vontade.

157. Todo ser vivente é um foco que emite magnetismo.

A ideia é uma vibração cerebral que se propaga.

O pensamento está no cérebro como a ação química está na bactéria.

O pensamento sai do cérebro transmutado em corrente mental.

Uma energia transmitida encontra outra energia, que modifica por transmutação à custa própria e sem sofrer grande perda.

158. O cérebro está constituído por fibras centrífugas e centrípetas e necessita de um agente que atue por seu intermédio porque sua estrutura é análoga à dos nervos. Vivemos em um ambiente em que ondeiam as vibrações eletromagnéticas do sol. E não há dúvida que existem ondas sonoras imperceptíveis pelo ouvido humano, assim como há ondas luminosas que não afetam a visão. Quando a frequência do calor chega com suas vibrações a 400 bilhões por segundo, manifesta-se o raio vermelho da luz, ao que seguem os demais do espectro solar até chegar ao violeta, cujas vibrações assinalam o limite da percepção humana, com a rapidíssima frequência de 750 bilhões de vibrações por segundo. SEM RECEIO, PODEMOS ASSEGURAR QUE A ENERGIA MENTAL E A ENERGIA NERVOSA, QUANDO COMBINADAS, RESULTAM NO MAGNETISMO HUMANO E FAZEM DO HOMEM UM SEMIDEUS.

159. Todo pensamento harmônico e positivo aniquila outro negativo. A mente se nutre de pensamentos. Cada qual tem que nutrir sua mente com os pensamentos que desejar que se REFLITAM EM SUA ATITUDE MENTAL. As correntes mentais são muito obedientes ao impulso da vontade.

Da vontade depende o movimento da atitude mental, porém o desejo é o maior estímulo da vontade.

160. Para formar uma vigorosa atmosfera pessoal temos que combinar o magnetismo físico com o mental e isto se realiza deste modo:

1º Ter o intenso desejo de combinar a energia nervosa com a energia mental.
2º Representar-se imaginando a combinação de ambas energias.
3º A autossugestão para que os dois elementos harmoniosamente se unam.

161. Todo ser tem sua atmosfera ou AURA pessoal que está constituída por ondas de energia magnética em rápida vibração e contínua mudança segundo os pensamentos e emoções que mudam conforme o estado psíquico do ser humano. Estas ondas, ao conectar-se à mente de outras pessoas, levantam nelas ondas análogas às do emissor.

162. A energia magnética do homem, chamada aura ou atmosfera pessoal, está constituída por ondas de energia em rápida vibração e são mudáveis segundo as modificações dos pensamentos, sentimentos e emoções.

163. Estas ondas magnéticas são contagiosas porque ao entrar em contato com a mente de outra pessoa, levantam ondas análogas que determinam parecidas condições mentais com as do indivíduo magnético.

LOGO, PARA PODER INFLUIR EM UMA PESSOA É NECESSÁRIO PÔR-SE EM CONTATO COM ELA E PROJETAR EM SUA ATMOSFERA GRANDE QUANTIDADE DE MAGNETISMO ATÉ SATURAR SUA AURA.

164. Quando pensamos intensamente em alguma pessoa, influímos infalivelmente nela. Nossa concentração emite poderosa atmosfera que afeta o ser em quem pensamos como se estivesse presente. PORÉM, AQUI CABE UMA EXPLICAÇÃO: EXISTEM CERTAS SOCIEDADES E INSTRUTORES QUE CREEM SER O BASTANTE CITAR O NOME DA PESSOA A QUEM QUEREM CURAR OU ENVIAR UMA MENSAGEM MENTAL.

Devemos adverti-los de seu erro. Para se poder influir ou ajudar uma pessoa, mentalmente, necessita-se de três condições:

1º A representação mental da pessoa.
2º A imaginação mental da influência que se deseja exercer nela.
3º A projeção da energia ou influência até ela melhorar.

Estas três condições necessitam tempo e não se efetuam com o dizer algumas palavras a respeito.

165. Do mesmo modo tem que se proceder com a AUTOSSUGESTÃO: Não é suficiente dizer uma ou duas vezes, para uma pessoa: SOU MAIS FORTE QUE TU. Para que a autossugestão produza maior efeito é necessário cumprir com todas as leis descritas para o caso, e que são as seguintes: Diante do espelho, mirar firme e positivamente a própria imagem como se fosse a pessoa a quem se quer influenciar. É preciso ter a convicção de querer ser dominador e influente. O convencimento deve irmanar-se com a vontade.

Dizer "SOU MAIS FORTE QUE TU" sem convencimento ou sem a esperança de chegar a convencer-se do que diz, é como jogar água sobre uma pedra, que logo se seca sem beneficiar ninguém.

166. Para ser potente magnético, é necessário exercitar começando por práticas simples, sensíveis, porém inofensivas:

PRIMEIRO EXERCÍCIO: Mirar a nuca de uma pessoa que caminha pela rua. Ordenar-lhe mentalmente que volte a cabeça como se alguém o chamasse. Não se deve crer que todos obedecem e sobretudo no principio da prática, porém 20 em 100 obedecem. Todos aqueles que caminham precipitados, com a mente ocupada nos negócios ou outros problemas, não obedecem facilmente ao chamado mental. Os que caminham por passeio são mais fáceis à influência.

167. SEGUNDO EXERCÍCIO: É o mesmo anterior, porém é efetuado em qualquer lugar de reunião pública. Estando sentado, fixar o olhar no occipital de uma pessoa que estiver sentada adiante, e ordenar-lhe mentalmente que olhe para trás. Praticar com alma e sem precipitação e sem delatar-se e sempre guardando silêncio e reserva pelo que se está praticando.

HÁ RAZÕES PSICOLÓGICAS E OCULTAS PARA MANTER A RESERVA E GUARDAR SEGREDO.

168. TERCEIRO EXERCÍCIO: Consiste em impressionar as pessoas para que fixem o olhar nele.

QUARTO EXERCÍCIO: Tratar de acalmar um colérico com o olhar, ou fazer rir uma pessoa triste, ou calar um falador com uma simples ordem mental...

169. PORÉM O MELHOR EXERCÍCIO É ALIVIAR UM SER QUE SOFRE: Ao encontrar-se com uma pessoa doente ou que sofre física ou mentalmente, dirigir-lhe o olhar e a atenção para livrá-la da dor e da pena. E isto se faz ao falar-lhe mentalmente, dirigindo-lhe palavras de carinho e de ânimo.

170. AI DE QUEM EMPREGA O MAGNETISMO COM FINS EGOÍSTAS, PORQUE TERÁ QUE PAGAR MUITO CARO PELO SEU ABUSO...

171. Entre os homens existe sempre o duelo magnético e o indivíduo que maneja habilmente sua energia magnética poderá vencer os demais. Por toda parte vemos a luta magnética da vontade e assim vemos a luta do médico com seus enfermos, entre o advogado e seu cliente entre o comprador e o vendedor etc. A força da vontade é a que vence sempre o duelo magnético; por esse motivo vemos, muitas vezes, que aquele que aparenta muita força foi vencido pelo que parecia débil. A afirmação diz: "NEM SEMPRE GANHA A CORRIDA O MAIS VELOZ, NEM A BATALHA O MAIS FORTE".

172. A AUTOSSUGESTÃO É A ARMA MAIS PODEROSA PARA O TRIUNFO, como iremos ver mais tarde. Por enquanto daremos certas regras para o começo do exercício.

Diante de uma pessoa que tem receios, repetir mentalmente:

> "MEU MAGNETISMO É MAIS PODEROSO QUE O TEU E TE VENCEREI".
> "EU SOU MAIS PODEROSO QUE TU. EU TE DOMINO".

173. PARA UMA PESSOA CRENTE PODE REPETIR ESTA FRASE: DEUS ESTÁ EM MIM E EU TRIUNFO EM TODOS MEUS ATOS ETC.

174. FENÔMENOS DO MAGNETISMO PESSOAL:

O aperto de mão transmite a mais vibrante energia de magnetismo pessoal e bem assim a energia emotiva.

O beijo sincero transmite toda a emoção do ser que beija.

O coito é o mais perigoso, porque transmite as modalidades do magnetismo e as duas almas se interpenetram durante o ato. Há um momento em que os dois serão um só SER e ambos se contaminam do magnetismo que flui de um ao outro.

175. Os magnetizadores costumam valer-se do aperto de mão como introdução para influir nos demais. Também existe outro método empregado pelos comerciantes, políticos etc., que consiste em agarrar a lapela ou colocar a mão sobre o ombro do interlocutor ou dar-lhe palmada ao despedir-se.

176. Ao estreitar a mão de quem se deseja influir é preciso acompanhar o aperto com a intenção de transmitir, por meio dos nervos da mão, os desejos ou, dizendo melhor, as ordens mentais que exprimem a finalidade da influência.

177. Desta maneira o sujeito ou o amigo estará em condição psíquica para receber a sugestiva ordem e ceder prontamente à influência e a batalha estará ganha. Porém ao estreitar a mão de alguém, temos de acompanhar o aperto de mão com a direta ordem que nele quisermos influir.

178. Se queremos ganhar a amizade de alguém, devemos, ao estreitar sua mão com força e doçura, dizer mentalmente: "TU ME AMAS". E se é um sujeito dominante repete-se mentalmente: "SOU MAIS PODEROSO QUE TU", ou qualquer afirmação neste estilo. A aproximação dos corpos, ainda que sem contato, comunica o magnetismo, — e muitos compreendem e sentem isto, e sobretudo as mulheres. A conversação frente à frente, os ademanes e gestos dão mais satisfatórios resultados do que os meios indiretos à longa distância.

179. As mãos são potentes instrumentos para transmitir o magnetismo corpóreo porque transmitem intensamente o fluido magnético. OS ADEMANES DO ORADOR, DO SACERDOTE E DO MAESTRO MAGNETIZAM O AUDITÓRIO.

180. Os homens, as sociedades, as nações etc. vivem e usam continuamente o duelo magnético. O homem iniciado não só deve conhecer como projetar esta força, sabendo também como defender-se das projeções do adversário.

181. DEFESA.

Ao invés de destruir a arma que contra nós se dirige, desviemo-la sem que nos dane. Existem muitas maneiras, porém, para quem escreve estas linhas, a melhor maneira e a mais eficaz arma é o AMOR. SENTIR AMOR E DIZER AO CONTENDOR: "EU TE BENDIGO E TE AMO" é suficiente para despojá-lo de todo seu poder. "E ONDE EXISTE O AMOR NÃO ENTRA A MORTE".

Existe outra maneira de defender-se, que é a NEGAÇÃO, pois quando se sente atacado é suficiente repetir mentalmente a palavra NEGO, NEGO. É muito curioso ver como o adversário se confunde e, desarmado, em poucos minutos estaca perplexo até o ponto de perturbar-se completamente.

182. Nunca nos cansemos de repetir que JAMAIS O MAGNETIZADOR DEVE PROSTITUIR SEU PODER EMPREGANDO-O EM PREJUÍZO ALHEIO. O magnetismo mal empregado converte-se no que o vulgo chama de BRUXARIA. Em futuros trabalhos rasgaremos os véus da BRUXARIA e assim o mundo compreenderá QUE A ARTE INFERNAL como era chamada pelos antigos, NÃO É MAIS QUE MAGNETISMO DIRIGIDO POR SERES PERVERSOS EMPREGANDO ENTIDADES INFERIORES PARA A REALIZAÇÃO DE SEUS OBJETIVOS.

183. Portanto, o primeiro passo para o domínio dos demais é o ABSOLUTO DOMÍNIO DE SI MESMO.

184. As pupilas indicam a magnética condição do indivíduo, porque a pupila é o extremo do nervo ótico que transmite ao centro cerebral as sensações luminosas e denota a condição magnética do indivíduo. Se a pupila é demasiado pequena, denota escassa energia magnética e falta de vitalidade do nervo ótico e no cérebro.

185. Quando a pupila se contrai, a cor da íris se estende, e quando o magnetismo se põe em atividade, o campo irisado diminui, a pupila dilatasse e o magnetismo invade o globo do olho. Durante uma violenta excitação nervosa, a pupila se dilata, e de tal modo que eclipsa a íris e parece que o olho não tem cor. O orador e o ator entusiasmados transmutam a cor azul de seus olhos em negro, por efeito do próprio entusiasmo. Os capazes de dominar a vontade alheia podem dilatar as pupilas de seus olhos ainda que inconscientemente. O indivíduo verdadeiramente magnético usa à vontade seu magnetismo quando é necessário empregá-lo, porém de maneira consciente.

186. AS PUPILAS DILATADAS VOLUNTARIAMENTE INFLUEM EM QUEM AS CONTEMPLA. Os animais se valem desta dilatação, instintivamente, para fascinar a presa. Um olhar com a pupila dilatada por virtude da energia magnética intranquiliza, porque conduz a dois resultados: ou o sujeito influído adormece pela influência hipnótica ou se extasia surpreendido de admiração. Os domadores dominam as feras pelo fulgor do olhar.

187. PORÉM DEVEMOS SABER QUE O PODER MAIS INGENTE PARA DOMINAR OS DEMAIS CONSISTE EM AMÁ-LOS PARA GANHAR SUA SIMPATIA.

188. Os oradores eloquentes sempre têm uma força magnética ingente. O magnetismo do orador é, na maioria das vezes, o ingente poder que domina a multidão, deixando-a suspensa por sua palavra.

A energia magnética flui dos olhos em corrente positiva até os olhos do público e a voz penetra até o cérebro e, dessa maneira, a multidão fica impressionada com o orador.

189. Para poder influir mentalmente em uma ou mais pessoas é preciso carregar-se da maior quantidade possível de magnetismo, por meio da concentração do pensamento e por meio da inspiração e respiração rítmicas até saturar-se completamente. Neste estado a energia magnética fluirá, do ser preparado para isto, pelos olhos até os olhos dos demais a quem se propõe influir.

190. O orador move suas mãos e seus movimentos tranquilos e naturais infudem aos ouvintes seu entusiasmo, fluindo o magnetismo de seus dedos, que o ajuda a inculcar seus pensamentos no auditório.

191. Quem é benévolo e amável, ganhará a atração e o amor de todos os que se relacionam com ele. Emerson disse: "Aquele que tiver mais alma do que eu, me dominará".

192. Por meio do PENSAMENTO se pode influenciar os outros, porque o pensamento é um poder criador, uma força ingente e capaz de realizar tudo quanto encomendamos e obrar milagres.

193. EXERCÍCIO: Olhar naturalmente a uma pessoa a quem se deve influir e enquanto se lhe olha frente à frente, dizer para si mesmo: "ESTE SUJEITO SENTE MINHA INFLUÊNCIA, DE HOJE EM DIANTE SERÁ MEU AMIGO". Dessa maneira se modificam as opiniões dos demais em obediência à nossa vontade, e a antipatia se inverte em simpatia.

194. Outro exercício é o da INFLUÊNCIA À DISTÂNCIA. Neste caso o PENSAMENTO É QUE DEVE OBRAR e converter-se em um obus mental que vai diretamente ao alvo. Isto se realiza desta maneira: Pensar detidamente na pessoa a quem se deve influenciar e dizer: "EU QUERO QUE SINTAS MINHA INFLUÊNCIA, QUE ME ESCREVAS UMA CARTA". "QUE ME AJUDES EM TAL ASSUNTO". Depois, tem que se concentrar o pensamento no ponto concreto da ajuda que se deseja receber da pessoa. A prática destas instruções outorga um formidável poder ao exercitante, que o capacita a dominar em qualquer situação. As forças mentais se intensificam com o uso, assim como os músculos se fortificam pelo exercício.

195. Nunca se deve apressar nestes trabalhos; o desenvolvimento deve ser paulatino, pois a precipitação não permite alcançar o desejado desenvolvimento. Nada se obtém aos saltos. A impaciência de chegar sem demora denota fraqueza de caráter. O êxito consiste em proceder com calma. QUEM A SI MESMO DOMINA, DOMINARÁ OS DEMAIS QUE NÃO SABEM DOMINAR-SE... QUEM FAZ MUITOS MOVIMENTOS DESNECESSÁRIOS, AO FALAR DEIXA ESCAPAR PELOS BRAÇOS INUTILMENTE, SEU MAGNETISMO, COMO QUEM DEIXA ABERTA DESNECESSARIAMENTE A TORNEIRA DE UM RECIPIENTE DE ÁGUA.

196. A DÚVIDA É INIMIGA DO ÊXITO, PORÉM A CONTÍNUA PRÁTICA MATA A DÚVIDA.

197. Nunca se deve falar de si mesmo; em compensação, tem que se mostrar benévolo para com os demais. O homem silente sabe ser enérgico. Nunca revela seus segredos nem alardeia seus conhecimentos. Tem que ser positivo em pensamento e ação. AS DUAS FORÇAS QUE DOMINAM O MUNDO SÃO O PENSAMENTO E A VONTADE.

198. Existem três condutos por onde se pode usar o magnetismo pessoal: A VOZ, O OLHAR e AS MÃOS. Os olhos e a voz são mais frequentemente empregados, porém o poder é mais positivo ao usar os três condutos combinados.

199. Antes de tudo se deve decidir o que se deseja obter; uma só coisa de cada vez e não incorrer a cometer a mesma falta de todos os centros e pessoas que estudam superficialmente o magnetismo, que quase sempre querem alcançar milhares de benefícios numa única sessão. Deve se decidir o que se deseja conseguir, como já o dissemos, e tem que se concentrar no objeto ou objetivo desejado, dirigir todas as energias para o cumprimento do propósito, sem deixar que a ideia se aparte, nem por um instante, se possível, da mente.

200. Pelo poder da vontade se transmite o pensamento por meio do olhar, da voz e das mãos.

201. O olhar tem que ser dirigido na raiz do nariz.

A voz tem que ser clara, moderada, algo baixa, sem tremor e com muita confiança em si e no que expõe.

A mão tem que estreitar a direita do sujeito, sem apertá-la demasiado e, depois de uma forte sacudida, deve-se soltá-la. Enquanto se está estreitando a mão tem que se desejar influir favoravelmente sobre a pessoa. Tudo tem que ser naturalmente praticado para não levantar suspeitas no sujeito.

202. Também influem as mãos à distância de um a dois metros, de modo que os dedos assinalem até a pessoa, porém sempre têm que trabalhar a vontade e o pensamento. Quando o indivíduo chega a ser poderosamente magnético, pode influir naturalmente, sem o sentir, quantos o rodeiam.

203. Para poder influir em alguém é necessário conhecer algo do seu caráter e assinalar os seus pontos fortes e fracos. Cada qual tem suas debilidades e vamos dar alguns exemplos e analisar os diferentes tipos nos quais havemos de influir.

Tipo 1º. O DE PODEROSA VONTADE — Temos que possuir formidável magnetismo, para não fracassar, e proceder com tato procurando de antemão ganhar a sua simpatia e amizade, para poder influenciá-lo.
Tipo 2º. O DE VONTADE DÉBIL — CARÁTER ÁSPERO E DURO, TEIMOSO... — A este temos que tratar de soslaio, sem contradizê-lo abertamente, porém, cede facilmente às sugestões mentais e palavras dirigidas com habilidade.
Tipo 3º. O SER INTUITIVO — Pode-se influenciá-lo telepaticamente. Recebe o pensamento do operador e o toma como se fosse o seu próprio pensamento.
Tipo 4º. O DE CARÁTER VIOLENTO — Fala-se-lhe sossegadamente para não despertar suas violentas emoções, nem tampouco se discute com ele.
Tipo 5º. O VOLÚVEL — É um tipo plástico e suscetível. Porém, temos que obrigá-lo a que se decida no ato, porque de outro modo muda facilmente de opinião.

Tipo 6º. O NERVOSO, CRITICADOR E CÉTICO, MUITO APEGADO A SUAS IDEIAS — É muito refratário a influências estranhas. Temos que lhe acalmar os nervos, não contradizê-lo nem repreendê-lo por seus erros. Necessita-se muita persistência para ganhar sua vontade e simpatia.

Tipo 7º. O HOMEM PRÁTICO — Ama o lógico, o factível e o verdadeiro sem exagero. Temos que falar-lhe francamente e frente à frente, sem fugir ao seu olhar. Não devemos gastar com este tipo muitas palavras.

Tipo 8º. O DE CARÁTER INDEPENDENTE, ENÉRGICO e AMIGO DA AÇÃO — O entusiasmo influi neste tipo. Há que sugerir rapidamente nele o lógico e o emocional e obter dele a possível ação antes que se incline a outra novidade.

Tipo 9º. O DE CARÁTER PESSIMISTA, ENFERMIÇO e MELANCÓLICO — A alegria para ele é algo anormal. Para atraí-lo temos que falar-lhe de coisas tristes, demonstrando pressa com voz compungida e mostrando-lhe viva simpatia pelo que ele sente e então será fácil lograr dele o que deseja.

Tipo 10º. O DE CARÁTER METÓDICO E CIRCUNSPECTO — Temos que fazê-lo crer que estamos conformes e convencidos da eficácia do método que ele adota. Teremos que demonstrar impecabilidade em nossa compostura e correção em trajes, gestos e expressões.

Tipo 11º. O NEGLIGENTE E DESPREOCUPADO — Este

tipo é inimigo do método e das regras que comumente pautam as ações e realizações da vida. Com ele não são necessárias a compostura e a correção do traje. Para tratar com este tipo é necessário falar-lhe com palavras claras e sem rodeios.

Tipo 12º. O MATERIALISTA SENSUAL E GLUTÃO — É dominado por sua fraqueza pelo estômago, convidando-se-lhe à suculentos banquetes.

Tipo 13º. O INFORMAL E LIGEIRO — Quando está presente se desmancha com gestos e palavras para servir, mas, quando volve as costas, não quer mais recordar-se de nada que disse ou prometeu. É o tipo a quem não se deve crer e para dominá-lo temos que tê-lo sempre por perto.

204. Para influir em uma pessoa de sexo diferente é necessário empregar métodos suaves, a princípio, para não afugentá-la. Sempre é necessário mostrar-se cortês, afetuoso, porém sem declarar nossos sentimentos amorosos, até sentirmos correspondidos no foro íntimo da pessoa que os inspirou. Muitas mulheres formosas se enamoram de homem feios e o motivo desse amor é o poderoso magnetismo pessoal do homem e vice-versa.

205. O magnetismo tem muitos nomes e qualificativos, segundo o ambiente, sociedade e religião. O forte magnetismo num bom sacerdote se chama SANTIDADE. No orador é capacidade. No ser que é atrativo, é simpatia e no médico é capacidade etc. O magnetismo é uno, porém, suas manifestações são múltiplas.

206. As pessoas atentas e afáveis, de finos modos e sem exagero, raras vezes recebem uma negativa, porque sempre são justas suas petições, de modo que se sente prazer em fazer algo em seu benefício.

207. Uma simpática e agradável personalidade sempre triunfa em seu intento, mas, temos que compreender que a simpatia se atualiza por educação.

208. O homem misógino, e que refoge ao trato da mulher, carece de magnetismo. A mulher dá muito magnetismo ao homem e o faz mais refinado e interessante. Muitos homens grosseiros e toscos modificam-se por completo ao enamorar-se de uma mulher atraente. Em pouco tempo pode uma mulher magnética realizar maravilhosas mudanças num homem.

209. POR IRONIA DO DESTINO, depois que o homem foi instruído pela mulher, costuma submetê-la à sua vontade e a dominá-la pelo mesmo poder que ela lhe outorgou, e deste modo perde muito de sua personalidade.

Muitas mulheres se convertem em instrumentos da vontade de seus maridos, porém, os maridos, em alguns casos, também se convertem em pagens de suas esposas.

210. Como se chega a ser magnético?, perguntam muitas pessoas. Pois bem, o SEGREDO DE SER NATURALMENTE MAGNÉTICO CONSISTE NO DESENVOLVIMENTO DA BENEVOLÊNCIA, ATÉ O PONTO DE SENTIR AMOR A TODOS OS SERES, DE DOMINAR-SE A SI MESMO, DE SOBRE-

POR-SE ÀS PEQUENICES DA VIDA SOCIAL, DE REFINAR O CARÁTER, DE REFREAR A CÓLERA E A MALEDICÊNCIA E PERDOAR AS FRAQUEZAS DOS DEMAIS.

É NECESSÁRIO CULTIVAR A GENEROSIDADE e a SIMPATIA e SEMPRE ESTAR PRONTO PARA AJUDAR O NECESSITADO.

É este um código de moral? Não; este é o caminho até a divindade, até ao amor e até ao poder. Este é o PODER DO BEM.

211. PARA SER MAGNÉTICO, DEVE-SE TER FÉ E VALOR. Quem deseja ser magnético o será, se antes conhecer as condições que conferem o magnetismo pessoal, e resolver conduzir-se de conformidade com elas. QUERER É PODER.

212. Quando o homem se convencer de que possui em seu interior essa energia, começará então a ter confiança em seu poder e a energia principiará a irradiar de todo o seu ser.

Pode-se aumentar o poder magnético só em pensar que se é mais magnético, e assim o indivíduo se converte num dínamo humano, capaz de atrair o poder energético do magnetismo.

213. Existem muitas regras para o desenvolvimento do magnetismo pessoal. Vamos citar as mais importantes, que atualizam as forças latentes do praticante.

1º Confiança em si mesmo. Cada qual deve aprender que dentro de si mesmo existe o poder magnético e que sem este poder ou força, nada pode surgir na vida. Este poder se adquire por meio da autossugestão, como as seguintes: "EU SOU PODER. EU SOU ENERGIA. TUDO O QUE DESEJO POSSO OBTER etc." Quanto mais energia o praticante desenvolver, maior poder obterá.

214. Acostumar a mente a crer em si mesma. Isto se obtém com o desenvolvimento da confiança em si mesmo, em todas as situações. A autossugestão ajuda muito neste estado. Deve-se repetir sempre: "EU SOU PODER. MINHA AURA PESSOAL DENOTA VIGOR, ATIVIDADE E PODER. EU GANHO SEMPRE A CONFIANÇA E O RESPEITO".

2º O corpo físico é um acumulador e o êxito na vida depende da energia acumulada. As boas qualidades, as virtudes e a bondade triunfam sempre facilmente. Ser bondoso durante um ano é dar trezentos e sessenta e cinco passos para a superação.
3º Temos que dar conta de cada palavra proferida; por esse motivo devemos ter cuidado com o que dissermos. Não se deve nunca abrir a mente aos maus pensamentos.
4º O AMOR PRÓPRIO É NECESSÁRIO, PORÉM O DELIBERADO EGOÍSMO É MUITO ANTIPÁTICO.
5º A ARTE DE AGRADAR. Esta arte consiste em dominarmos as emoções. O ser forte é dono de si mesmo,

porém o débil perde em seguida a serenidade. Todas as tribulações domésticas provêm de causas insignificantes.

6º Para ser atrativo temos que demonstrar um pouco de familiaridade, e ser acomodatícios e condescendentes nas coisas que não alteram a moral nem a honra. Um tato e habilidade delicada prestigiam e elevam a personalidade.

7.º Ser tolerante. Nem todos devem pensar e obrar como nós pensamos ou realizamos. Temos que evitar toda discussão e sobretudo no que respeita as opiniões, gostos, ideias políticas e religiões dos demais. Ninguém tem o direito de vasculhar a consciência alheia. "AONDE FORES FAZE O QUE VIRES" diz o adágio.

8º Ser sempre atrativo e simpático, evitando o sarcasmo, a impertinência e tudo o que possa conduzir à brutalidade. Nunca se deve deixar arrastar pela cólera. A serenidade apazigua a cólera de nosso contraditor. A pessoa sincera nos olha frente à frente, e sua atitude é natural, sensível e sem afetação.

9º Quem não tem domínio próprio nunca pode ser magnético. O que perde a serenidade perde o equilíbrio.

O dono de si mesmo ganha o respeito e a confiança de todos e está capacitado para dominar.

A autossugestão ajuda muito a adquirir este poder. Para tanto deve-se repetir esta frase: "SEJA O QUE FOR, SEREI EQUÂNIME E SERENO".

Antes de acostumar-nos, devemos repetir pelo menos cem vezes: EU SOU SEMPRE CALMO E SERENO.
10º Deve-se olhar frente à frente a pessoa com quem se conversa. Deve-se também olhar num espelho e pensar em algo agradável e prazenteiro.
Este exercício desenvolve o olhar magnético.

215. Uma voz bem educada, de timbre simpático, com variadas inflexões, sugestiona e cativa, se os pensamentos são bons.

216. O que convém em primeiro lugar é falar em tom natural, pondo na voz toda a pureza do pensamento. O tom da voz tem que ser puro. A conversação demonstra o caráter de uma pessoa. A qualidade de sua voz, as palavras que emprega, a habilidade em dar forma verbal ao pensamento, revelam o grau de cultura e a educação recebida. A amenidade das conversações sempre atrai e cativa.

217. A pronunciação deve ser clara e precisa, sem afetação. Não se deve falar aos gritos, nem tampouco apressadamente. Nunca se deve empregar palavras grosseiras ou incorretas, porém, tampouco se deve recorrer ao pedantismo de escolher termos técnicos e conceituosos, dos que não se usam nas relações em sociedade.

218. Ao estender a mão para saudar uma pessoa, deve-se pôr, ao apertar a mão, toda benevolência do coração, como que envolvendo a pessoa a quem se saúda. O toque de mão deve ser relativamente forte, sem molestar.

219. Estando de pé ou sentado, deve-se fazê-lo de maneira correta e decente,

220. Não se deve ser tagarela: quem muito fala muito erra. Quem monopoliza a palavra aborrece com sua palavra e torna-se antipático, a não ser que tenha fértil engenho e hábil conversação que não molestem a ninguém, e que saiba cativar com sua amena conversação o ânimo dos presentes.

221. Para ser magnético é indispensável transmutar as más condições e qualidades pelas contrárias. E isto é o que chamam OS MAÇONS SER LIVRE E DE BONS COSTUMES... para isto temos que transmutar:

A Indiferença — em SIMPATIA
A Debilidade — em FORTALEZA
A Nervosidade — em SOSSEGO
A Volubilidade — em CONSTÂNCIA
A Preguiça — em DILIGÊNCIA
A Perplexidade — em DECISÃO
A Repulsividade — em ATRATIVIDADE
O Receio — em CONFIANÇA
A Covardia — em VALOR
A Traição — em FIDELIDADE
A Velhacaria — em HONRADEZ

SE ESTAS CONDIÇÕES NÃO FOREM ALCANÇADAS, NUNCA SE DEVE TENTAR SER MAGNÉTICO, PORQUE TODA TENTATIVA REDUNDARÁ EM FRACASSO; ENTRETANTO, QUANTO MAIS BONDOSA FOR UMA PESSOA, MAIS MAGNÉTICA SERÁ, SEM BONDADE NÃO SE GANHA O RESPEITO NEM A AMIZADE, NEM A CONFIANÇA DOS DEMAIS.

222. Quem se mantém equânime em qualquer circunstância será o dono da situação.

223. Aqui vão muitos conselhos para desenvolver e adquirir o poder do Magnetismo:

1º Temos que usar e vestir roupa com a qual nos sentimos bem.
2º Que o traje não seja exagerado ou de cores berrantes.
3º Uma boa reputação é de inestimável valor.
4º Temos que ser e parecer honrados.
5º O traje influi muito e fala claramente da pessoa.
6º Uma moda extravagante ridiculariza.
7º Um vestido em harmonia com a posição social dignifica.

224. O dono de si mesmo influi em todos, e para alcançar esta influência é necessário reunir várias condições, das quais citaremos as mais importantes.

Portar-se dignamente em todos os casos e momentos.

Ter propósito firme e decisão.

Seguir pontualmente estas lições, pondo toda sua vontade no desenvolvimento do magnetismo por meio da AUTOSSUGESTÃO.

Ser agradável em cada momento para conquistar o afeto de todos os seres.

EM RESUMIDAS PALAVRAS: SER UM CAVALHEIRO DE ATITUDES SEMPRE PERFEITAS COM TODO O MUNDO E EM TODAS AS OCASIÕES.

225. A MENTE MOVE O MUNDO.

O ROSTO É O ESPELHO DA ALMA: isto quer dizer que os pensamentos habituais influem poderosamente no semblante e aspecto de todo ser humano.

Logo, para o aspecto pessoal contribui o atrativo poder do indivíduo.

O HOMEM É COMO PENSA EM SEU CORAÇÃO — O pensamento modela a fisionomia e o organismo corporal. O homem de conduta pura emitirá radiações de pureza e seus pensamentos influem nos demais.

O SEMBLANTE É O MELHOR LIVRO QUE FALA DE SUAS INCLINAÇÕES.

AS LINHAS DO ROSTO SÃO AS PALAVRAS ELOQUENTES QUE FALAM DO HOMEM. (Leia o capítulo A FISIONOMIA FALA SEM PALAVRAS.)

A BONDADE É MAIS ATRATIVA DO QUE A BELEZA.

A SIMPATIA É FILHA DA PUREZA DOS PENSAMENTOS.

Com estes dotes atualizados e exercitados, podemos realizar nossos desejos.

226. Para influir nos demais é necessário ter vontade desenvolvida e observar as regras seguintes:

1º Ter confiança em si mesmo.
2º A confiança em si mesmo se adquire servindo DESINTERESSADAMENTE AOS DEMAIS.
3º Influir nos demais com intenção de melhorá-los.
4º O ser a quem se pode influenciar é aquele que deposita sua confiança no operador, confessando-lhe suas penas e dificuldades.
5º A amabilidade é a chave mágica que abre o coração humano e ganha a confiança de quem necessita de nosso conselho.
6º Um homem de poderosa vontade governa os demais com suavidade e doçura.

227. — QUERES SER UM GRANDE MAGNETIZADOR E IRMÃO DOS DEUSES?...
Pois, aqui vão as regras:

1º Ter confiança em si mesmo e confiar no êxito.
2º Praticar diariamente os exercícios respiratórios e físicos indicados no curso desta obra.
3º Ser amável e serviçal com todo mundo para conquistar o afeto de todos.
4º Não ter inveja de coisa alguma.
5º Não criticar nem divulgar uma opinião malformada de outro indivíduo.
6º Não se encolerizar.

7º Não ser sarcástico.
8º Não falar de outra pessoa aquilo que não nos atrevemos dizer em sua presença.
9º Evitar as brincadeiras pesadas e de mau gosto.
10º Não injuriar ninguém.
11º Não pronunciar palavras indecentes.
12º Não prometer o que não pode cumprir.
13º Cumprir a palavra dada.
14º Não contar a ninguém suas tribulações domésticas.
15º Recordar que os demais não se interessam por suas vacilações.
16º Não intentar que alguém faça algo sem querer, ou aborrecido.
17º Nunca se deve contradizer uma pessoa encolerizada.
18º Não discutir com pessoas aferradas a suas opiniões a menos que a discussão seja razoável, e sobretudo amistosa e tranquila.
19º Não burlar ninguém.
20º Não precipitar-se em formar sua opinião.
21º Buscar sempre o lado bom das coisas e dos seres humanos, e jamais o lado mau.
22º Fazer SEMPRE O BEM SEM OLHAR A QUEM.
23º As palavras suaves e doces, cativam; as ásperas acendem a ira.
24º Buscar sempre a paz e a tranquilidade dos demais, porque nesta busca se encontra sempre a própria tranquilidade.

228. O magnetizador deve possuir um vigor corporal completo. O desenvolvimento físico tem que ir de parelha com o desenvolvimento mental. Para ser magnético é necessário manter o corpo em eficiente vigor. A respiração deve ser suave, a voz clara e robusta. Todas as noites antes de ir dormir devemos praticar um exame de consciência e perguntar:

Fiz hoje os exercícios obrigatórios para a saúde?
Guardei o regime dietético?
Pratiquei devidamente os exercícios respiratórios?

229. Os exercícios respiratórios têm que ser ao ar livre ou pelo menos defronte de uma janela aberta. A respiração profunda é a base da saúde do corpo e da tranquilidade da alma.

230. O banho frequente segundo o estado, o temperamento, o clima, o sexo, a idade etc. é necessário para o praticante de magnetismo. Também são necessários os banhos de sol, de ar, SEM CHEGAR AO EXAGERO como aqueles que creem que quanto mais demorado o banho de sol, mais proveitoso os seus efeitos, e às vezes terminam em queimaduras, dores e febres. Todo ser magnético tem um especial cuidado em higienizar seu corpo físico de maneira prudente. (Deve-se seguir estudando e praticando os exercícios indicados nas páginas precedentes nos quais se encontram todas as instruções necessárias.)

231. O abuso sexual é o maior inimigo do magnetismo. O homem e a mulher que gastam tontamente sua energia criadora se converte em escravo de seus semelhantes. A ENERGIA SEXUAL DO SER HUMANO É DE ORIGEM DIVINA, E AQUELE QUE DELA ABUSA SE CONVERTE EM ANIMAL E ESCRAVO DE SEUS SEMELHANTES.

232. Todo aspirante a magnetizador deve possuir ou tratar de possuir as qualidades do cavalheiro. Deve ter um bom aspecto pessoal, ser perfeito e cortês.

233. Os métodos de desenvolvimento do magnetismo são fáceis de praticar. Todos somos magnéticos, porém, o êxito depende do desenvolvimento mental e físico do indivíduo. O OLHAR, como explicamos anteriormente, deve ser disciplinado. O olhar determina a primeira impressão. A educação do olhar pode se fazer diante de um espelho até que se converta em olhar firme e penetrante e de serena expressão. Com um espelho se pode praticar até desenvolver o poder magnético do olhar, mirando os olhos e concentrando o pensamento no olhar.

234. O primeiro exercício não deve durar mais de um minuto. Pouco a pouco se vai aumentando o tempo à vontade.

235. Para influir em outros é necessário que tenham a mente em atitude receptiva. Não se deve magnetizar uma pessoa que se ache em estado de excitação; é necessário primeiro acalmá-la.

236. As mãos são os poderosos meios de emitir o fluido magnético. Não devem nunca ser ásperas nem sujas, senão suaves e sedosas. Esfregando-se as mãos com um pouco de glicerina, consegue-se mantê-las em bom estado.

237. Impor as mãos em quem desejamos influir, acrescenta o poder magnético. Também os pés irradiam um poder magnético muito forte. Devemos sempre conservá-los limpos, livres de suor e da tortura do calçado apertado.

238. O magnetizador deve possuir uma personalidade agradável. Tem que sentir e tratar de sentir uma felicidade constante. Deve ser amável em toda circunstância e momento, e possuir uma personalidade positiva.

239. A BELEZA QUE SOBREPUJA A TODAS AS BELEZAS É A BONDADE E A AMABILIDADE DO CORAÇÃO. Os nobres pensamentos se refletem no semblante e o aformoseiam sem necessidade de enfeites de tocador. Um formoso caráter aformoseia infalivelmente a vida. O homem manifesta exteriormente o que sente interiormente. Se os pensamentos são puros e harmônicos, farão o indivíduo simpático e atrativo. A beleza mais apreciada está no interior do ser. Nunca devemos intrometer-nos no que não nos importa.

240. O homem forte nunca se queixa. As lamentações são próprias do ser débil. Para aplacar sua cólera, respire profundamente e a calma vem imediatamente. Êxito significa perfeição e depende do equilíbrio psíquico. A fortuna não pode ser uma prova de êxito, porque pode fazer-se rico pela loteria, herança ou roubo.

EMPREGO PRÁTICO DO MAGNETISMO

241. Depois de tantas explicações, vamos dar ao MESTRE ELEITO DOS NOVE ou PERFEITO MAÇOM as práticas do magnetismo para poder empregá-lo em benefício da humanidade. Estas práticas são o resultado eficientemente comprovado por mais de vinte médicos magnetizadores, mundialmente conhecidos, e ao mesmo tempo também comprovadas pelo humilde servidor que escreve estas linhas.

Não temos tempo para procurar convencer o leitor profano ou o Irmão Mestre Eleito dos Nove que ESTAS PRÁTICAS SÃO INFALÍVEIS.

São as práticas que o convencem.

242. Há três modalidades de medicina magnética ou psíquica, e são as seguintes:

1º Medicina magnética ou tratamento por meio da transmissão da força vital às partes afetadas para ativar as células e tecidos, e assim se expulsa do organismo os resíduos enfermos, seja por via direta do operador ou por meio da mente instintiva do enfermo, como as curas de várias formas religiosas.

2º Medicina mental, que governa a mente das células causadoras de enfermidades.
3º Medicina espiritual que derrama a força e a luz do operador na mente do enfermo. Essas curas são muito raras. É a verdadeira medicina espiritual.

243. As três modalidades da medicina magnética afirmam em realidade que a doença física é um transtorno mental das células afetadas, e que sua cura consiste em tratar a mente das células para restituí-las à sua atividade normal. ENTÃO NÃO É O MODO NEM O MÉTODO O QUE CURA, E SIM, A MENTE ESTIMULADA DAS CÉLULAS.

244. A FORÇA VITAL É A ENERGIA DIVINA NA QUAL VIVEMOS, NOS MOVEMOS e TEMOS O SER. É a força da vida. É a energia da mente suprema. É o Princípio Universal que enche todo o espaço e que com a mente e a matéria formam a trina manifestação do ABSOLUTO.

A força vital é a origem que se manifesta em eletricidade, calor, luz, magnetismo etc. que move toda a atividade do corpo e todas as manifestações da vida.

É O PRINCÍPIO VITAL QUE EXISTE NO AR, NA ÁGUA, NO SOL E NOS ALIMENTOS QUE DÃO VIDA AO ORGANISMO.

245. O tratamento das enfermidades por meio da energia vital consiste na segurança de poder transmiti-la de uma pessoa sã a uma pessoa enferma, por meio das mãos, fazendo vários passes sobre o enfermo e ao mesmo tempo dirigir, por meio de passes, a corrente de energia vital à parte afetada para pôr em atividade as células preguiçosas. Esta energia, como temos visto antes, atua como tônico no enfermo, vigoriza-o e melhora-o em sua enfermidade.

246. Também por meio do pensamento esta energia pode ser transmitida, da mente do operador ao enfermo, e o efeito é milagroso. Nesta base foram estabelecidos os métodos de cura por meio da oração, praticados em todos os tempos e igrejas. A Bíblia e os Evangelhos estão cheios de exemplos desta modalidade de cura; de maneira que a cura por meio da força vital foi conhecida em todas as épocas e de todos os povos. Quem possuía demasiada confiança para praticar essas curas era considerado santo, profeta ou dotado de uma virtude extraordinária e divina.

247. Todo ser humano pode efetuar curas magnéticas por meio da força vital que é uma modalidade da ENERGIA DIVINA, que rege as ações fisiológicas do corpo, como a circulação do sangue, os movimentos das células e de todo impulso que move os membros. Uns chamam a esta energia "FORÇA NERVOSA", porém é o mesmo, porque é a força que por impulso da vontade surge do sistema nervoso cérebro-espinhal para mover os músculos. Não falo mais sobre esta força porque milhares de autores já escreveram milhares de volumes que explicam sua natureza e seu poder. TUDO O QUE POSSO DIZER É: ESTA ENERGIA DIVINA ESTÁ EM TUDO. O HOMEM A ABSORVE DOS MANJARES QUE COME, DA ÁGUA QUE BEBE, DO AR QUE RESPIRA, assim como extrai energia mental da SUPREMA MENTE UNIVERSAL.

248. A força vital se armazena no cérebro, nos plexos e sobretudo no plexo solar, de cujos centros flui pelos nervos para vivificar o organismo. Cada nervo está constantemente carregado de força vital que se renova à medida de seu consumo. O ser robusto e são é aquele que possui suficientemente esta energia, que circula pelo organismo e ao mesmo tempo enche a aura que o defende de todo perigo externo.

249. Esta força pode ser transferida de uma pessoa ao organismo de outra para fortificá-la e vigorizá-la. Muitos confundem a ENERGIA VITAL com o magnetismo e em verdade difere uma da outra, porque a força vital desempenha sua função na economia da natureza e esta função é muito diferente da força magnética. Assim, seguiremos nesta obra falando de curas magnéticas.

250. Todo ser humano tem força vital e todos podem concentrá-la e transmiti-la a outros para curar enfermidades. Todo ser é terapeuta e pode curar pela imposição das mãos, porém, somente pode empregar essa força o ser perseverante que confia em sua atuação.

251. Não há nenhum mistério, tampouco existe um milagre na cura por meio da energia vital ou magnética. A chave consiste em encher as células enfermas com uma nova provisão de força vital, a fim de que recobrem a atividade normal para que o órgão volte a funcionar normalmente e todo o organismo recobre a saúde, que não é mais do que o funcionamento normal orgânico.

252. Temos explicado anteriormente que o uso das mãos na cura das enfermidades é uma tendência instintiva da humanidade. Quando alguém toma um golpe, em seguida passa a mão no ponto dolorido e lhe parece que assim a dor se acalma. Muito frequentemente se consegue o alívio da dor de cabeça com a aplicação das mãos. Os melhores processos comprovados para aliviar e curar são os seguintes:

1º Transmissão do magnetismo ou da força vital por meio do olhar.
2º Transmissão da força vital por meio das mãos com os passes.
3º Transmissão da força vital por meio do alento.

Desta forma, o magnetizador deve empregar os três processos COM A DEVIDA CONCENTRAÇÃO E A FIRME VONTADE DE FORTALECER AS CÉLULAS DA PARTE ENFERMA A FIM DE QUE CUMPRAM DEVIDAMENTE SUA OBRA.

253. O ALENTO sobre a parte afetada, se é quente produz um efeito estimulante. Também se pode esquentar um pedaço de flanela com o alento, e aplicá-lo à parte enferma.

254. Os passes com as mãos e outras manipulações produzem muito alívio, como veremos.

255. Os passes são muito importantes na cura magnética. As mãos devem estar separadas com os dedos estendidos e abertos. Os passes consistem em colocar as mão por cima da cabeça, e pouco a pouco passá-las adiante com o movimento de arrastar algo até a frente dos joelhos; então, se sacodem os dedos como quem quisesse soltar dele gotas d'água. Em seguida passa as mãos para cima de um e outro lado do enfermo até chegar novamente à altura da cabeça; depois volta-se a abaixá-la novamente pela frente com os dedos e estendido como antes.

256. O movimento descendente ou os passes com as mãos apaziguam o enfermo; o movimento ascendente ou passes para cima o estimulam. Deve-se ter em conta esta particularidade.

257. Os passes lentos devem ser de sete a oito centímetros de distância do corpo; esses produzem sossego e bem-estar.

Os passes menos lentos a trinta centímetros, estimulam e dão atividade à parte afetada.

Os passes rápidos e com vigor a sessenta centímetros são muito mais estimulantes porque ativam a circulação e agitam os órgãos.

258. Os passes transversais frente à parte afetada se fazem com as palmas das mãos dirigidas para fora. O movimento simula arrastar para fora a parte afetada ou todo o corpo, conforme seja o caso.

OS PASSES TRANSVERSAIS DESCONGESTIONAM O ÓR-

GÃO E SÃO MUITO EFICAZES. É conveniente dar esses passes antes dos longitudinais.

259. Colocar a palma da mão direita frente à parte afetada, à distância de quinze centímetros durante cinco minutos, estimula e vigoriza.

260. Dirigir os dedos da mão direita, estendidos para a parte afetada produz o mesmo efeito, empregando a mesma distância e o mesmo tempo.

261. Também existe a perfuração que se efetua com o mover de dedos à distância de cinquenta centímetros, como quem quer aguilhoar o membro do enfermo. Este movimento estimula os órgãos, descongestiona-os e produz a sensação de um agradável calor.

262. Todas essas práticas têm efeitos diversos. A mais suave é a aplicação palmar, e em grau crescente a digital, a rotativa e a perfurante.

263. Colocar a palma das mãos sobre a parte nua afetada e mantê-la. Deve-se esfregar as mãos ou as palmas uma contra a outra e colocá-las novamente; repetir por várias vezes. Este método cura muitas dores nevrálgicas e de cabeça.

264. A percussão, ou, o talo dos dedos em ligeiro contato com a parte afetada, produz efeito sedativo. Deve-se proceder com suavidade e bater suavemente com as pontas dos dedos.

265. A fricção é um processo muito antigo e transmite a força vital do operador ao enfermo. Hoje a chamam massagens e é muito popular. O massagista deve manipular muito suavemente, porque a pressão não é necessária, como a praticam alguns, pois a eficácia não está na fricção, e sim, na transmissão do magnetismo.

A fricção circular da direita para a esquerda favorece a atividade circular e é muito favorável e eficaz nos casos de atonia e congestão.

266. O amassamento é muito proveitoso nos casos de rigidez muscular e reumatismo. Consiste em sovar os músculos à semelhança de quem prepara a massa de pão. Pode ser superficial, palmar e digital. Beliscar e amassar a região afetada ativa a circulação do sangue.

267. Golpear a parte afetada com as pontas dos dedos produz um efeito estimulante. São empregadas alternativamente as duas mãos.

268. O tratamento respiratório, que consiste na insuflação cálida, efetua-se desta maneira: colocar sobre a parte enferma um lenço muito limpo, aspirar lentamente pelo nariz até encher os pulmões; aplicar a boca sobre o lenço e soprar com força como quem quer fazer penetrar o ar através da carne, de maneira que o enfermo note o calor. Este método nunca nos falhou e com ele se alivia toda a dor.

O sopro frio, à distância de trinta centímetros, como quem quer apagar uma vela, tem efeito calmante. Às vezes adormece e alivia a cabeça congestionada por excessivo trabalho mental.

269. Passeando a vista na parte afetada, os raios visuais curam a dor e aliviam o estado de ânimo do enfermo.

270. Às vezes um objeto magnetizado pelo operador alivia a dor do enfermo. Um pano do terapeuta mental foi entregue a um enfermo, e depois de poucos minutos adquiriu a força vital depositada no objeto e o enfermo melhorou.

271. Já explicamos várias vezes o objetivo e o proveito da respiração rítmica, e agora insistimos novamente devido ao papel importante que desempenha no tratamento das enfermidades, porque por seu intermédio se intensifica o poder do magnetismo que se distribui pelas partes afetadas.

272. O ritmo domina o universo; logo, a respiração rítmica, como ensinamos anteriormente, dá ao organismo as vibrações harmoniosas, e enquanto dura esta harmonia no corpo, as células ativam a circulação de qualquer parte do corpo. A respiração rítmica é uma força que, por meio da vontade concentrada, é dirigida a qualquer órgão para estimulá-lo e fortalecê-lo. Depois o massagista pode empregar aquela energia adquirida pela respiração, e como veículo a emprega para muitos fins.

273. Por meio da respiração rítmica e pelo domínio do pensamento é possível absorver grande quantidade de energia vital e transmiti-la ao corpo de um enfermo para estimulá-lo.

274. Deve-se criar uma imagem mental clara da condição desejada até sentir o fluxo da força vital circulando pelos braços e mãos até ser derramada pelos dedos sobre a parte enferma.

275. Colocar as mãos sobre a parte enferma; nesta posição deve-se respirar ritmicamente, como foi ensinado anteriormente, e manter a imagem mental de que de seus dedos emana a energia e de que os membros enfermos a absorvem para repelir as condições mórbidas. É muito eficaz fazer a imagem mental do funcionamento de uma bomba aspirante premente.

276. Deve-se sacudir as mãos como para expelir delas as condições mórbidas nefastas retiradas do corpo do paciente. É muito urgente lavar as mãos depois de cada operação. O operador deve-se converter mentalmente em bomba que estrai a saúde do depósito universal para derramá-la no enfermo.

277. Deve-se respirar sempre ritmicamente de vez em quando, pensando em aspirar energia saudável para banhar o paciente. A percussão digital durante o tratamento beneficia muito o enfermo.

278. Combinar o tratamento do magnetismo com a respiração rítmica é obter resultados duplamente eficazes.

TRATAMENTOS MAGNÉTICOS

279. Primeiro: Deve-se afrouxar as mãos durante alguns minutos; em seguida, fechá-las e abri-las várias vezes, rapidamente, até que se note nelas calor e energia.

Segundo: Deve-se praticar o tratamento especial das partes afetadas, e logo depois fazer uso do tratamento geral, porque este regulariza a circulação do sangue, estimula nervos e músculos renova e ativa a função da energia para restabelecer a saúde.
Terceiro: Colocar o enfermo o mais comodamente possível: seja deitado de costas, ou de barriga para baixo ou sentado.
Quarto: O terapeuta deve agarrar suavemente a coluna vertebral com os três dedos da mão direita e os ir abaixando suavemente de cima para baixo para impedir toda contração muscular.
Quinto: Depois, em qualquer das três posições indicadas, o magnetizador deve manipular ou amassar suavemente toda a região dolorida, aplicando o trata-

mento vibratório em toda a região enferma com percussões suaves, que produzirão notável alívio.
Sexto: Depois do amassamento, põe-se a mão direita sobre o plexo solar e a esquerda na metade das costas, e deixa-se que a corrente de força vital flua durante alguns minutos pelo corpo do enfermo.

280. NOSSO MÉTODO ESPECIAL E ÚNICO É O SEGUINTE: Estando o enfermo numa posição tranquila, colocam-se as mãos sobre a parte dolorida e enferma; aspira-se lentamente pelo nariz durante oito segundos, pensando que a energia vital penetra pelo nariz: retém-se o alento nos pulmões pensando que esta energia está fluindo através de seus dedos e mãos para o enfermo; expelir o alento durante oito segundos e reter os pulmões vazios durante quatro. Novamente se repete a respiração como antes até completar sete vezes. Durante tantos anos de prática não recordamos que este método nos tenha falhado uma só vez, e que NENHUMA DOR DURE até a sétima respiração.

281. Sem embargo, o alívio da dor não significa a cura total da enfermidade.O tratamento de uma dor deve ser pelo menos de meia hora. A título de demonstração, daremos em continuação o método de cura de várias doenças.

282. PRISÃO DE VENTRE: Cura-se por manipulação vibratória nos pontos correspondentes ao fígado e aos intestinos. Também a aplicação das palmas das mãos sobre o ventre com a devida ordem mental aos intestinos para que trabalhem corretamente, é um método. TOMAR TRINTA GRAMAS DE ÁGUA PURA DE MEIA EM MEIA HORA É UM MÉTODO INFALÍVEL PARA A NORMALIZAÇÃO DOS INTESTINOS.

283. DISPEPSIA: usar o mesmo método indicado para o caso anterior.

284. DIARREIA: Somente ligeiras percussões sobre o ventre e ordenar ao centro esplênico que trabalhe corretamente. Colocar as mãos, uma em cada lado das costas, até que os dedos se toquem na coluna vertebral por debaixo da última costela; então, deve-se levantar alguns centímetros o abdome até que o peso do corpo descanse nos dedos. Nesta posição deve ser levantado lentamente, porém todos os músculos devem estar relaxados; depois deste tratamento o operador deve concentrar seus pensamentos no enfermo e renovar a magnetização, ordenando aos órgãos internos a obediência ao mandato.

285. NEVRALGIA: Tratamento igual ao do reumatismo.

286. IMPOTÊNCIA SEXUAL: Magnetização geral sobre todo o corpo; depois, manipulação vibratória da parte inferior da coluna vetebral.

287. DOENÇAS DO ESTÔMAGO: São ocasionadas por vários motivos: indigestão e deficiência nutritiva. O método de cura é tratar a mente do estômago da seguinte maneira: deitar o paciente de costas; em seguida se lhe dão golpes suaves com a mão na região do estômago, dizendo em alta voz ou mentalmente: "Desperta-te mente do estômago." Depois, colocar a palma da mão direita sobre o estômago do paciente, como se falasse pessoalmente com o estômago, e dizer-lhe: "Mente do estômago, quero que despertes e atendas devidamente a este órgão. Tens que trabalhar perfeitamente e funcionar devidamente. Tens que ordenar ao estômago que funcione bem... etc." Não é necessário que sejam estas palavras, senão que se pode variar, aumentar e acrescentar outras, contanto que não se altere o sentido da intenção.

Este tratamento deve ser feito durante dez ou mais minutos, até a cura total, que não excederá de um mês. É muito urgente aconselhar ao paciente que mastigue bem o alimento e que tome diariamente água suficiente, como foi ensinado nas páginas anteriores.

288. DOENÇAS DO FÍGADO: Deve-se manipular a região hepática sobre o ponto em que radica a doença. Deve-se ordenar com energia à mente do fígado para que trabalhe corretamente e que segregue o necessário de bílis para que este humor flua e faça seu efeito na digestão. O tratamento deve terminar sempre com a percussão.

289. DOENÇA DOS RINS: Tratamento igual ao do fígado. Golpear suavemente a região renal várias vezes com apontados dedos, e ordenar que funcione normalmente. Se o paciente urina com muita frequência, deve-se ordenar aos rins e à bexiga que funcionem devagar.

290. REUMATISMO: Trata-se por dois métodos combinados:

1. falar e ordenar à mente dos rins para que elimine o ácido úrico e as impurezas do organismo.
2. manipular as partes afetadas, ordenando-lhes que se desprendam do ácido úrico e que por fim se relaxem. É bom tratar o estômago para que digira facilmente. Devem ser evitadas as comidas que aumentam o ácido úrico.

291. DOENÇAS DO CORAÇÃO: O coração é o órgão mais nobre e inteligente do organismo, depois do cérebro. A mente cardíaca responde a toda amável instrução. Deve-se dedicar a aconselhá-lo com palavras suaves: "Mente inteligente do coração! trabalhe bem, para que o coração pulse normalmente com toda a regularidade! Assim fazendo, não tardará muito para se observar o resultado.

292. NEUROSE: As enfermidades nervosas são tratadas começando-se pelo estômago e pelo fígado. Depois, tratam-se os nervos ao longo da coluna vertebral e se lhes devem dar as instruções que o caso exigir.

293. CIRCULAÇÃO: Consegue-se a sua regularização por meio de passes da cabeça aos pés, e ao mesmo tempo deve se falar à mente das artérias e das veias: "Deixai que o sangue circule livremente sem embolias, em fluxo de constante regularidade."

294. CEFALÉIA: Tratar primeiramente do estômago, em seguida regularizar a circulação e por último tratar magneticamente a cabeça ministrando-lhe: "Quietude, sossego, tranquilidade."

295. DOENÇAS DE SENHORAS: Normalizar o funcionamento do estômago, regularizando a nutrição. Depois fazer o tratamento local como no caso de diarreia, colocando as mãos sobre o baixo ventre e ordenando à mente das células: "Fortaleza, ação reta, saúde...". No caso de fluxo abundante ordena-se: "Mais devagar, cessai, mais devagar".

296. OUTRAS DOENÇAS: Não é necessário aumentar a lista das chamadas doenças, que não são mais do que manifestações diferentes e casos da ação imperfeita da mente celular. Deve-se recordar sempre esta máxima: "NÃO HÁ DOENÇAS E SIM DOENTES." Todos os tratamentos são análogos. A energia enviada pela mente com o pensamento carregado de força vital deve se ajustar às exigências e circunstâncias de cada caso, ordenando à mente celular que o cumpra, tratando-lhe e ordenando-lhe que faça o que deve ser feito. A mente consciente do operador convence e domina facilmente a mente das células enfermas do órgão afetado. Maomé disse: "No estômago está a causa das doenças". É a pura verdade. Se o terapeuta restaura a ação normal do estômago e regulariza a circulação, terá eliminado a causa da enfermidade. NUNCA SE DEVE ESQUECER ESTE PONTO, PORQUE É IMPORTANTE.

297. O terapeuta tem que falar à mente das células como se falasse a uma criança para impressioná-la, e, esta mente obedece sempre, cedo ou tarde, segundo a inteligência mental do órgão. Este método é infalível, seja em animais ou seres racionais. AS CÉLULAS NÃO ENTENDEM AS PALAVRAS DO TERAPEUTA, PORÉM, COMPREENDEM E SENTEM OS PENSAMENTOS E SENTIMENTOS. As palavras servem para melhorar a concentração.

AUTOTRATAMENTO

298. Deitar-se na cama, relaxar completamente o corpo e a mente e apoiar as mãos no plexo solar; respirar ritmicamente. Uma vez estabelecido o ritmo, manter a VONTADE FIRME DE QUE EM CADA RESPIRAÇÃO ENTRA NO ORGANISMO UM FLUXO DE ENERGIA VITAL, CHAMADA "PRANA" PELOS YOGUES, EXTRAÍDO DA DIVINDADE NA NATUREZA. Este fluido extraído do inesgotável depósito divino universal, é recebido pelo sistema nervoso que o armazena no plexo solar. Depois de cada respiração, deve-se imaginar com nitidez que esta energia armazenada no plexo solar é uniformemente distribuída em todos os órgãos do corpo para dar-lhes estímulos, vigor, fortaleza. Deve-se concentrar o pensamento em cada inspiração; o fluxo da energia penetra no corpo e a cada expiração é ele uniformemente distribuído em todo o organismo. Deve-se criar a imagem mental da entrada do "prana" nos pulmões e que depois de armazenado no plexo solar é distribuído em todo o corpo.

É necessário ordenar mentalmente o que se deseja produzir, e criar a imagem mental do que se apetece. Este exercício fortalece os nervos e dá bem-estar a todo o corpo. Convém praticá-lo quando se esteja cansado e com falta de energia.

299. Todo indivíduo pode extrair do Cosmos a energia vital e aplicá-la em si mesmo para aliviar estados de concentração ou congestão. Todo o segredo consiste em tratar de respirar "pranicamente" para saturar os centros nervosos de um novo fluxo de força vital a fim de que seja distribuído em todo o organismo mediante a aplicação do tratamento que se deve seguir para o alívio e a cura das partes doentes. Pode-se aplicar em si próprio o mesmo tratamento que se aplica nos outros, considerando em nós o órgão afetado como um ser distinto ao qual se deve injetar a potente força vital da saúde.

300. PARA ACALMAR A DOR: Deitar-se, respirar ritmicamente, e, com o pensamento firme, inalar energia vital; ao exalar o alento imaginar que esta energia vai exclusivamente ao ponto dolorido para restabelecer a irrigação sanguínea e a corrente nervosa. Volta-se a inalar a energia com a ideia de acalmar a dor e se exala com o pensamento de que de fato será curada. Deve-se praticar várias vezes até sentir alívio. Depois de praticar sete vezes, descansa-se. Depois, volta-se novamente à prática até sentir alívio completo. O efeito será maior se for possível colocar as mãos na região do baço para que este centro dirija a corrente à parte afetada.

301. Para regularizar a circulação do sangue há também um método: Deitado ou de pé, respirar ritmicamente, e ao exalar o alento, dirigir a corrente vital ao ponto onde se acha entorpecida a circulação. Este exercício em caso de frio nos pés ou de dor de cabeça, arrasta o sangue para baixo, para esquentar os pés e descongestionar a cabeça. A circulação obedece ao império da vontade.

302. AUTOTRATAMENTO GERAL: Deitado e com o corpo totalmente relaxado, respirar ritmicamente a maior quantidade possível de "prana", e ao exalar, deve-se mandar a energia à parte afetada e ordenar mentalmente que desapareça a dor. Ao mesmo tempo passa-se as mãos sobre a parte dolorida. Se não for possível passar as mãos sobre a parte dolorida, deve-se aumentar os exercício respiratórios em várias ocasiões.

303. PARA VITALIZAR-SE: Ereto, de pés juntos, juntar e fechar os dedos de ambas as mãos. Nesta posição deve-se respirar ritmicamente, algumas vezes, até sentir os efeitos da vitalização.

304. PARA VITALIZAR O CÉREBRO: Esta prática estimula o intelecto; que pensa e raciocina. Descarrega o cérebro e harmoniza o sistema nervoso, e é sumamente urgente para aqueles que se ocupam em trabalhos intelectuais. De pé, as mãos sobre as coxas, aspirar ritmicamente INALANDO LENTAMENTE PELA NARINA DIREITA, mantendo tapada a esquerda com o dedo índice; em seguida tapar a narina direita e exalar pela esquerda; depois, sem tirar o dedo da narina direita, respirar pela esquerda e imediatamente deve-se tapá-la para se exalar pela direita. Assim se prossegue algumas vezes, alternativamente.

305. VITALIZAÇÀO DOS CENTROS VITAIS: Já sabemos que os centros vitais são sete: um na fronte, um no occipital, um na base do cérebro, um no plexo solar, um na região do sacro, um no umbigo e um nos órgãos sexuais. O exercício é o seguinte: respirar ritmicamente como foi ensinado e enviar a energia a cada um dos plexos.

306. CURA À DISTÂNCIA: Por meio do pensamento sustentado se pode curar um doente à distância. Basta pensar no doente até captar sua figura, e então, deve-se projetar sobre ele nosso pensamento cheio do desejo de curar mantendo o desejo e o pensamento firme no paciente.

Uma vez estabelecida a concentração e a relação, fala-se ao enfermo como se estivesse presente, desta maneira: "Transmito-te uma corrente de força vital que te dará vigor e que te curará." Depois deve-se respirar várias vezes pensando no paciente, como se o mesmo estivesse presente e que está sendo tratado pessoalmente. Esta é a maneira de curar doentes à distância.

307. MAGNETIZAÇÃO DA ÁGUA PARA CURAR AS DORES: Encher um copo com água limpa; colocar as duas mãos acima e magnetizar o conteúdo durante cinco a sete minutos. Esta água magnetizada alivia a dor interna ao ser tomada, assim como a dor externa ao se molhar a parte dolorida ou ao ser aplicada com compressas.

12. A medicina universal e o corpo físico

308. A Medicina Universal tem que abranger todos os ramos da ciência da saúde, de maneira que antes de seguir adiante devemos atender à mãe e à mulher grávida.

A mulher gestante deve ter uma alimentação especial. Não é em vão que se lhe dá o nome de: ESTADO INTERESSANTE.

OS DESEJOS da gestante têm que ser satisfeitos, porque neste estado a mulher se torna mais sensível: repugna, instintivamente, certos alimentos e apetece outros que não são do seu regime habitual.

Mas certos desejos não significam caprichos de guloseimas. A mulher grávida deve saber que tudo quanto come e bebe influi no corpinho do filho.

Quanto mais puros e naturais forem os alimentos da gestante, maiores serão as possibilidades em passar um período tranquilo de gestação e de ter um parto feliz, e dar à luz uma criança sã e robusta.

Nunca deve alimentar-se de carnes, conservas, mariscos e fazer uso de bebidas alcoólicas. Ao contrário, deve seguir um regime vegetariano com acertada combinação de legumes, laticínios, verduras e frutas, sem comer jamais aquilo que lhe desagrade ou repugne o paladar.

Sua única bebida deve ser água pura. Será terminantemente proibido o uso do álcool, para não legar ao filho o futuro vício de beber.

Durante o aleitamento, o regime alimentar da nutriz deverá ser igual ao da grávida. A mãe ou a nutriz não deve fazer uso de comidas picantes, salgadas, ácidas e dos demais alimentos já citados.

Deve tomar caldos espessos de cereais, purês de legumes, verduras cozidas, sopas de tapioca e de farinha de aveia.

Também é muito necessário o uso de ovos frescos, frutas, leite etc. Deve abster-se de alimentos de sementes demasiadamente gordurosas e quentes (nozes, pinhão, coco, amendoim...).

Há certos casos em que há necessidade de intervenção do médico pela estranha idiossincrasia individual.

309. O corpo humano tem as mesmas leis de desenvolvimento que os vegetais, pois a planta humana ou o organismo corporal precisa variar a quantidade de alimentos segundo a idade, o estado e o lugar.

A criança durante os nove primeiros meses de vida só deve se alimentar de leite, seja da própria mãe, da ama ou da vaca em mamadeira.

O leite tem que ser insuperável. Sua quantidade deve ser de 110 gramas por quilo de peso da criança.

Cada três horas deve a criança mamar; nunca se deve despertá-la para mamar, pois o sono é um alimento tão nutritivo quanto o leite.

O segundo período da primeira infância vai dos nove meses aos dois anos; é o período do desmame parcial. A alimentação nesta época será alternada com leite, mingaus (papas) de farinha de trigo, a princípio ralas, espessando-se gradualmente, dia a dia. Para variar e acostumar as células do estômago aos alimentos vegetais, aumentam-se os mingaus de farinha de trigo, alternando-os com sopas de aveia, cevada e também, de tapioca.

As melhores horas de alimentar a criança, neste período, são: pela manhã — DEPOIS do asseio pessoal — às 7, às 10, às 13, às 16, às 19 e às 22 horas, um pouco antes de dormir.

As papas não devem ser muito açucaradas. O açúcar de cana é um veneno lento para a primeira infância.

O aparecimento dos primeiros molares é sinal de que a criança deve aprender a mastigar. Sabemos que bem raras são as pessoas que sabem mastigar.

Convém dar à criança um pedaço de pão duro para roer e servi-lhe sopas feitas de ervilha, grão de bico, arroz e outros cereais, muito bem cozidos, de quatro em quatro horas.

Deste modo, gradativamente, vão-se dando legumes, bem cozidos, frutas e outros alimentos sólidos, acompanhados de pedaços de pão, RECOMENDANDO-SE QUE MASTIGUE MUITO BEM, ATÉ TRANSFORMAR O ALIMENTO EM PAPA, NA BOCA.

Na primeira infância não deve a criança comer carne, peixes, crustáceos, nem outros alimentos de origem animal, exceto os ovos, o leite e seus derivados. Nada de café nem excitantes.

É um grave erro crer que o vinho e os licores robustecem a criança e a preservam das enfermidades contagiosas; pelo contrário, o álcool enfraquece a resistência contra as enfermidades.

Depois da segunda infância, isto é, depois dos sete anos de idade, a criança seguirá as leis que regem a puberdade, e suas rações serão assim distribuídas: dejejum (pela manhã), almoço, merenda, almoço-jantar ou ceia.

A comida da criança deve ser a mesma que a de sua família, com absoluta abstenção de vinhos, café e mariscos. Os pais devem dar o exemplo de sobriedade e não somente conselhos.

Dos 14 anos aos 20, deve-se ter mais cuidado com a alimentação, por ser a idade mais perigosa, em que se arraigam os hábitos, se firmam os costumes e se definem as tendências.

O CORPO NUNCA EXIGIRÁ MAIS DO QUE AQUILO A QUE ESTA ACOSTUMADO. A saúde no tocante à alimentação é filha da educação e da vontade. Os alimentos excitantes e fortes despertam nos jovens certas tentações, às vezes, difíceis de vencer-se. RECHAÇAR AO CAIR EM TENTAÇÃO OU VÍCIO DEPENDE DA DISPOSIÇÃO DE MANTER OU QUEBRAR ESTA LEI.

310. Há certos manjares nocivos que devem ser excluídos da mesa do aspirante, para assegurar uma boa saúde até a velhice.

Convém distinguir o necessário do supérfluo, para não cair no vício da gula. Todo supérfluo é nocivo porque se converte em resíduo dentro do tubo digestivo e produz intoxicação ou autoenvenenamento.

Toda a iguaria de difícil digestão, demasiado excitante, é tóxica e por conseguinte nociva; embora não se notem seus imediatos efeitos, estes minarão a saúde e, quando menos se pensar, manifestar-se-á a enfermidade.

A maioria das carnes é pouco conveniente à saúde, embora não se possa qualificar de nociva, senão a carne de porco. As carnes de vaca, vitela e carneiro são aceitáveis, como também os peixes frescos.

1. Devem-se eliminar da cozinha as vísceras de reses (tripas, bofes, fígado, cabeça, sangue, rins e língua); somente são tolerados os miolos.
2. Conservar carnes e víceras de porco.
3. Mexilhões, caracóis, caranguejos, lagostas, ostras e toda a espécie de moluscos. Todas estas iguarias devem ser eliminadas, porque as vísceras são as partes mais carregadas em toxinas; não são assimiláveis e como alimento são muito deficientes.

As conservas são muito piores; tolera-se apenas o presunto cozido. Os demais são bastante nocivos pelas especiarias, pimentas e outros ingredientes. Muitas vezes, também, as conservas são portadoras de TRIQUINAS OU VERMES, que, ao penetrarem no corpo, proliferam e, passam ao sangue, deste aos músculos, nos quais se fixam, com evidente perigo de vida para a criatura.

Os moluscos e os crustáceos são indigestos e podem estar contaminados pela água donde vieram.

O peixe fresco é tolerado, porém é altamente venenoso quando deteriorado. O IOGURTE e o KEFIR são os melhores alimentos para o organismo, porque estimulam a produção dos leucócitos ou células do sangue que têm a propriedade de destruir os germes das moléstias infecciosas.

311. A gula figura na lista dos pecados capitais. Disse HIPÓCRATES: MAIS MATOU A GULA QUE A ESPADA, e isso é uma grande verdade. Todas as enfermidades, ou a maioria delas, provêm da carência ou do excesso de alimentação.

Todas as doenças do tubo digestivo ou do sangue, tais como a gota, a dispepsia, a albuminuria... têm sua origem na GULA.

O vômito aparece quando o aparelho digestivo foi obrigado a trabalhar mais do que o que comumente pode devido ao excesso de alimento, mastigação deficiente, ou envenenamento.

A má digestão ocorre porque o aparelho digestivo, sobrecarregado, deixa de digerir o excesso e este se putrefaz nos intestinos, formando cólicas, câimbras, tifo, varíolas, disenterias, apendicites, hemorroidas etc.

Quando se come mal, tem-se má digestão, sendo o quilo forçosamente impuro e tão espesso que fluirá penosamente pelos vasos quilíferos, comunicando seu espessamento ao sangue, ocorrendo o risco de se formarem grumos, que não podendo passar pelos vasos capilares, se estagnam em um dos vasos do cérebro, ocasionando a morte repentina, por embolia.

A esta morte estão sujeitos os glutões.

A gula intensifica as inclinações grosseiras, desperta o apetite sexual; a impureza chega a embotar as faculdades intelectuais e faz do homem uma espécie de suíno, pois o suíno é o único animal que não se sacia nunca.

Os aperitivos, os excitantes da gula são perigosos e agem contra as leis da saúde.

Um alimento é mais saudável quando o é mais natural, isto é, sem muito tempero e condimento. Todo condimento é uma questão de costume ou de necessidade.

Devem ser absolutamente proibidos por serem nocivos à saúde os seguintes condimentos: pimenta, noz-moscada, cravo, canela, baunilha, vinagre e mostarda. São permitidos, porém sem abuso: sal, açúcar, mel e limão. Porém o limão fora das refeições é muito recomendável em vários casos de enfermidades.

Os condimentos saborosos e que não causam dano ao organismo são: sal, açúcar, mel, erva-doce, louro e limão de acordo com o paladar e a iguaria.

O limão substitui o vinagre em tudo e pode servir para temperar vários alimentos.

Devem-se evitar as receitas culinárias, que de nada valem para a saúde. A sensatez é tão característica da verdade, quanto da saúde. Um bom almoço é suficiente para a manutenção do homem, sempre que se saiba combinar a quantidade com a qualidade e a variedade dos alimentos, segundo as estações do ano, o clima, a profissão e as condições econômicas.

Pela manhã, uma hora depois de levantar-se e assear-se, deve-se tomar o dejejum racional, e à noite, ao chegar do trabalho, pode-se tomar uma ligeira refeição segundo a necessidade, mas não segundo o apetite.

312. Cada profissão necessita de um tipo especial de alimentação. As profissões sedentárias, que obrigam o indivíduo a trabalhar sentado, como os empregados de oficinas, escritórios, despachantes, funcionários públicos e alguns ofícios, como sapateiros, alfaiates, modistas, relojoeiro etc. devem optar por alimentos leves, tais como: leite, aveia, tapioca, pão preto, mel, cereais e frutas em geral. Não devem comer carnes, nem gorduras, porque os alimentos muito gordurosos provocam a adiposidade.

No regime dos que fazem grandes esforços devem predominar os alimentos hidrocarbonados, que proporcionam energia muscular.

Há uma pauta ou ração-tipo que determina em gramas o mínimo que se pode absorver das várias substâncias e de acordo com a idade, que é a seguinte:

Antigamente dividiam-se os alimentos em: alimentos de reserva e alimentos de poupança.

	Albuminas	Gorduras	Hidrocarbonatos
Jovens	80	50	400
Adultos	120	60	400

	Albuminas	Gorduras	Hidrocarbonatos
Adultas	95	50	400
Anciãos	100	70	400
Anciãs	80	50	400
Operário (trabalhos pesados)	150	100	500

A gordura é um alimento de reserva, porém não é digerida, e sim, impulsionada ou misturada intimamente com o sangue, donde sai para se depositar sob a pele, formando o que se chama tecido adiposo, o qual forma o toucinho nos porcos. Este tecido adiposo serve de alimento ao homem em casos de enfermidade, dieta forçada, jejuns prolongados ou nutrição deficiente.

Há certas substâncias que reparam as perdas de albumina dos tecidos e se chamam alimentos de economia, tais como o leite, o açúcar de fruta, o mel e os amidos.

313. Embora se considere o regime misto como o mais apropriado para todo o mundo, sem embargo, somos obrigados a respeitar os hábitos de comer carne. Por isso devemos aconselhar aos que se alimentam de carne, a só consumi-la na base de 100 gramas de carne de vaca, vitela, carneiro, galinha, frango, e isto mesmo só ao almoço do MEIO-DIA e nunca pela manhã ou à ceia.

Não se deve tomar caldo de carne porque contém todos os micróbios e venenos, que expeliu a carne na água. É verdade que o POBRE fígado se encarrega de destruir tais venenos, porém mais tarde sobrevém uma enfermidade infecciosa ou mesmo uma febre, cuja causa não se sabe a que atribuir. De maneira que o caldo e o suco ou extrato de carne constituem mais um refúgio, que um alimento.

A maneira menos perigosa de preparar a carne é fervê-la bem em água, até que elimine as impurezas e depois guisá-la com legumes, raízes ou verduras.

A carne assada ou frita é indigesta e sempre retém, por ser meio crua, muitas toxinas.

O peixe pode ser tolerado se for fresco, e feito cozido sem tempero. Nunca frito, nem com pimentas.

De todo modo se deve evitar comer carne ou peixe diariamente; deve-se alternar a alimentação com laticínios, ovos e verduras.

314. Deveres do aspirante para com o corpo: TEMPLO DO ESPÍRITO.

1º Mastigar bem os alimentos.

2º Tomar, aos goles, dois litros de água por dia.

3º Fazer uma lavagem intestinal por semana, com água morna.

4º Banho genital com água fria, duas vezes ao dia, antes de cada comida, com 10 minutos de duração cada vez. Este banho é vigorizador e energético.

5º Aspirar, pelo nariz, pelo menos 100 vezes ao dia; uma inspiração lenta, completa, como quem aspira o perfume de uma rosa.

6º Fazer uma fricção geral, com uma toalha molhada em água fresca, à noite antes de dormir ou de entrar no leito.

7º Repetir, conscientemente, uma afirmação como a seguinte: EU SOU DEUS EM AÇÃO NESTE CORPO QUE É MEU TEMPLO. EU SOU A SAÚDE NESTE CORPO.

8º Viver sempre alegre! Assim já estareis no caminho da superação e do triunfo que não admite pessimismo, nem tristeza.

13. A energia universal e o corpo da alma

315. O aspirante deve conhecer certas leis de seus corpos, o físico e o da alma, para poder vigiar o estado de cada um deles.

De modo imperceptível para nós, a respiração passa, alternativamente, de uma das fossas nasais à outra, fechando-se por si mesma igualmente, uma ou outra. Tal fato pode ser comprovado, colocando-se um espelho debaixo do queixo. Se a direita estiver trabalhando mais do que a esquerda, ver-se-á no espelho uma mancha mais acentuada do lado direito. Ao repetir-se esta experiência, passada uma hora, ver-se-á que o lado mais ativo, então, será o esquerdo, e o espelho comprovará da mesma maneira a nova experiência.

Desta sorte, o corpo assimila os eflúvios da energia vital de ambas as categorias e a pessoa desenvolve e equilibra o fluxo potencial, liberando as proporções de hidrogênio e de oxigênio, que facilitarão a dilatação e contração dos vasos sanguíneos e linfáticos, fazendo com que todo o ser realize, satisfatoriamente, as funções que o permitirão viver e prosperar.

Certos estudos comprovam que a narina direita, no homem, absorve a energia vital positiva e a esquerda, a passiva.

Mas, na mulher, ocorre justamente o contrário: a narina direita é passiva e a esquerda positiva.

O exercício respiratório, indicado anteriormente, na segunda lição, chama-se EQUILIBRADOR, porque o aspirante, voluntariamente, enche o corpo da alma e em seguida o corpo físico, de energia, ou melhor, satura seu organismo com as duas modalidades de Energia Vital, denominada PRANA, pelos yogues.

316. Pela fossa nasal direita do homem (esquerda da mulher) passa a Energia Vital que é distribuída a todos os centros vitais, constituindo o potencial positivo do imã humano e da constante celular.

A narina direita atua no cérebro, consciente; é imanentemente solar e tende a desenvolver as características masculinas, tais como: a agressividade, o entusiasmo, o desejo sexual, o espírito empreendedor, a rebeldia à obediência, o predomínio, o orgulho, a cólera, a determinação, a temeridade etc.

É estimulante do calor vital e da atividade física. Está relacionada com a mente consciente, o movimento, o masculino e o ativo. Excitantes como o vinho, o café, a carne, o mel, têm uma acentuada influência sobre a fossa nasal direita.

Na mulher, este fluxo tem estas características na narina esquerda.

317. A narina esquerda no homem (a direita — na mulher) assimila a energia vital de Signo passivo ou negativo.

Carrega o polo passivo do imã humano e da constante celular, influi diretamente no subconsciente, desenvolve as características femininas, reduz o calor vital e o movimento físico, favorece o predomínio mental sobre o material, do inconsciente sobre o consciente, a moderação sobre o impulso. Inclina a pessoa à melancolia, à liberalidade, à modéstia, ao temor, à dúvida, à vacilação, à tolerância, à bondade, à devoção, à compreensão, à renúncia, à ascendência da qualidade sobre a singualaridade, da luz que ilumina, sobre a força que executa. Os doces, os sorvetes, as conservas, as substâncias sem vitaminas, o insípido e tudo o que provoque redução do calor vital, influem no dinamismo da fossa nasal esquerda. Na mulher influem na narina direita.

318. A RESPIRAÇÃO SIMULTÂNEA se faz pelas duas fossas nasais, quando respiramos por ambas, e ambas estão ativas ao mesmo tempo.

Isto se dá, em condições normais do organismo, durante quatro minutos, antes de mudar o fluxo de uma narina para a outra; PORÉM O ASPIRANTE TEM QUE PROVOCAR ESTE ESTADO, VOLUNTARIAMENTE, EM CERTOS CASOS ESPECIAIS. Durante este fluxo, absorvem-se ambas as modalidades de energia, equilibra-se o potencial do imã humano e da constante celular.

NO SACRO EXISTE UM FOGO CRIADOR, que foi, simbolicamente, chamado SARÇA DE HOREB (vide nossa obra — A SARÇA DE HOREB E O MISTÉRIO DA SERPENTE). A Bíblia fala na Serpente que vive na árvore da vida, de cujos frutos Adão comeu e se fez "UNO CONOSCO", como declarou Deus.

Esta serpente ígnea, que se aloja no Plexo Sagrado, ativa a potência sexual, ao fazer descer a energia até os órgãos genitais, com os movimentos de sua cauda; já com os movimentos ondulatórios da cabeça, ela ativa e aumenta a intelectualidade e dá inspiração.

A serpente agita a energia vital em sentido ascendente ou descendente, que flui através desse centro vital; aumenta a sensibilidade de todo o ser, animando-o e impulsionando-o aos grandes esforços; desenvolve as forças potenciais e conduz o homem ou a mulher a uma emotividade incontrolável quando estes se deixam envolver pela ira, a fúria, o heroísmo e até o próprio sacrifício ao estar ativa a narina direita; leva ao rancor, ao ódio e ao sacrifício dos demais, logo após a atividade da fossa nasal esquerda.

Em algumas ocasiões distribui bênçãos ou maldições. Entretanto, o imã humano necessita de ambas as correntes para proceder à respiração simultânea, aquela que equilibra o potencial da constante celular.

ACREDITAMOS QUE, DIANTE DO EXPOSTO, SAIBA O ASPIRANTE PORQUE INSISTIMOS NA PRÁTICA DA RESPIRAÇÃO EQUILIBRADORA E DA RESPIRAÇÃO COMPLETA, EM SEGUIDA.

Conforme explicamos em nossa obra "AS CHAVES DO REINO INTERNO OU O CONHECIMENTO DE SI MESMO", durante a respiração, em cada fossa nasal, o homem absorve os cinco elementos da natureza assim distribuídos:

Em 20 minutos absorve o elemento Terra
Em 16 minutos absorve o elemento Água
Em 12 minutos absorve o elemento Fogo
Em 6 minutos absorve o elemento Ar
Em 4 minutos absorve o elemento Éter

Isto quer dizer que a criatura que possui uma respiração normal, recebe a dupla modalidade da energia vital que lhe permite conservar seu organismo em perfeito estado de saúde e desenvolve os atributos relativos a seu sexo, sentindo, pensando e fazendo, a cada momento, o que deve executar, sempre equilibrando e repondo em cada absorção de ar, o Oxigênio e o Hidrogênio liberados na ulterior respiração.

Algumas pessoas são portadoras de anomalias do aparelho respiratório, o que lhes provoca distúrbios e um resultado diverso do normal.

Já demonstramos, em nossa obra "AS CHAVES DO REINO INTERNO", que o homem aspira os átomos afins aos seus pensamentos.

Com isto se pode dizer que se o homem trabalhar subconscientemente e com perseverante esforço em respirar de acordo com as suas necessidades e as finalidades que tiver em mente, e mesmo assim não obtiver o êxito desejado, será esta falta, com certeza, devida à alguma das seguintes causas:

1º Devida ao Cosmos, que impregna o ar de certas energias provocadoras do desequilíbrio do potencial correspondente à capacidade da sua natureza.

2º Devida ao estado fisiológico, que dificultará a respiração de determinada fossa nasal, fazendo com que o fluxo predomine mais em uma do que em outra e se acumule no organismo energia de determinado Signo.

Entre as causas, de origem cósmica, as mais importantes são: a solar e a lunar. As energias solares fazem predominar durante o dia o fluxo positivo, isto é, o alento que passa pela narina direita, e à noite predomina o fluxo lunar negativo que passa pela fossa esquerda no homem, e direita na mulher.

As de origens fisiológicas são as causadas por um desvio do SEPTO, provocado por pólipos, catarros crônicos, vegetações adenoides, afecções do conduto nasal e o péssimo costume DE RESPIRAR PELA BOCA. Assim, sem que a pessoa se aperceba destes desvios, sente, pensa, age, não de acordo com o seu sexo ou condição em que se desenvolvem, senão como o inclina sua particular maneira de respirar.

O aspirante deve limpar suas fossas nasais com duas gotas de óleo gomenolado ou com água morna amiúde. Caso acharem-se obstruídas, para possuir um ritmo respiratório perfeito, seguindo as leis naturais e de acordo com a sua própria natureza íntima, isto é, seu Biorritmo.

319. O Trabalho metódico, sem cansaço nem ansiedade, ativa, notavelmente, a respiração. Todo o esforço repercute nos pulmões, no coração e nos vasos sanguíneos (veias e artérias).

Ao fazer-se um esforço violento, levantando um peso, por exemplo, entumecem-se as veias do pescoço e da fronte e paralisa a respiração.

Os pulmões e os músculos do peito são como que o ponto de apoio de todo o esforço. HOMEM DE PEITO, diz-se vulgarmente, de um homem forte. Quando se dispende uma grande força muscular, inspira-se o ar profundamente, retém-se o alento, porque o homem sabe, por instinto, que o ar retido se faz nos pulmões de amortizador ou almofada elástica que serve de apoio ao esforço empregado; porém, o ar busca saída, e não a encontrando porque o retemos, põe-se em contato com o SANGUE, QUE SE ACUMULA NAS VEIAS E AS INTUMESCE.

(ESTE É O MECANISMO DA INSPIRAÇÃO RETIDA NOS EXERCÍCIOS RESPIRATÓRIOS, ACOMPANHADOS DE GINÁSTICA.)

O Trabalho muscular se interrompe quando já não mais é possível reter o alento. Porém, tanto o sangue adquiriu Energia Vital, como se depurou.

Deste fato se conclui que toda a pessoa cujo trabalho seja pesado, tem que praticar a ginástica respiratória para aumentar a capacidade toráxica, pois quanto maior quantidade de ar possa alojar e reter nos pulmões, maior será sua força muscular.

(TAMBÉM O ASPIRANTE A SUPER-HOMEM, QUANTO MAIS ENERGIA VITAL POSSA ABSORVER, MAIS SE RELACIONARÁ COM OS PLANOS CÓSMICOS E A MENTE UNIVERSAL.)

Os jogos e brincadeiras da meninice, da infância e da

juventude são os meios mais eficazes de fortalecer o aparelho respiratório.

As crianças sentem, intuitivamente, a necessidade de gritar, pular, correr nos jardins e praças, porque com os gritos exercitam a inspiração e a expiração.

A ginástica respiratória diminui a obesidade, no fim de poucas semanas. Todos os tratamentos para conseguir a queima do excesso de gordura são prejudiciais e inúteis. O obeso ou o propenso a obesidade pode começar com a respiração completa: 8-8-8-8, ou com a outra 8-4-8-4, cinco vezes, de hora em hora, e ir aumentando até dez, durante a primeira quinzena.

Depois fará dez vezes cada meia hora e, quando já respirar mais livremente, empreenderá a série de exercícios indicados em uma das lições anteriores.

A respiração completa, como ensinamos, tem por objeto fortalecer os pulmões mais do que os músculos, e o exercício físico que H acompanha fortalecer todo o organismo. Sem peito vigoroso e pulmões fortes, que por meio do sangue proporcionem ao músculo o oxigênio necessário para se nutrir, NÃO SERÁ POSSÍVEL FORMAR UM ORGANISMO EQUILIBRADO PARA A SUPERAÇÃO.

Pulmões e músculos têm que ser vigorosos, senão seriam inúteis no caminho da respiração.

Sempre se deve respirar pelo nariz.

320. Toda matéria é animada pela Energia Vital (que é de natureza espiritual). Esta Energia desconhecida dá poder aos alimentos para nutrir; ao sangue para circular;

às células, para trabalhar nos órgãos, cujo funcionamento determinam e do qual resulta a vida corporal.

Esta Energia Vital nos vem do Sol, com a Luz, o calor, a eletricidade, o magnetismo e todas as espécies de energia. Por isso os antigos faziam do Sol o maior símbolo da Divindade, e todas as religiões hodiernas o colocam em seus altares, dando-lhe diferentes interpretações.

De passagem, diremos que todos os Salvadores do Mundo tiveram nomes que significam o Sol, como: Krishna, Mitra, Osíris, Cristo, Jesus etc. Recebemos a Energia Vital, que vem do Sol, pelos alimentos, para o corpo físico, e pelo ar, para o corpo da alma. Logo, a Energia Vital está no ar e não é o ar, está nos alimentos e não é alimento.

Daí nos vem a eficácia oculta da respiração, desconhecida pela maioria dos médicos e fisiologistas, para quem o único mistério da respiração consiste somente em absorver o oxigênio, quando sabemos que este gás, sem o PRANA ou Energia Vital, que vivifica o organismo, nada mais vale.

Logo, é indispensável que o ar esteja impregnado da Energia Vital trazida pelos raios solares.

Diz o ditado: ONDE ENTRA O SOL NÃO ENTRA O MÉDICO. O Super-homem domina seu aparelho respiratório para absorver esta energia à vontade, conforme explicamos antes, e como ensinaremos mais adiante.

Quem quiser desenvolver seu aparelho respiratório procederá como com qualquer outro órgão do corpo. Nada é impossível para o aspirante decidido. Basta querer obedecer aos ensinamentos, para chegar a reter o alento à vontade, aumentando ou diminuindo sua capacidade, como lhe convenha.

(PORÉM PRECISA DEIXAR-SE GUIAR PELO INSTRUTOR E NÃO LANÇAR-SE IGNORANTEMENTE NO CAMINHO POR SI MESMO.)

É pela evolução e não pelo revolução que se alcança a meta, o objetivo. Na lição seguinte trataremos da terapêutica respiratória; entretanto, o aspirante deve praticar os exercícios até aqui indicados, para desenvolver sua caixa toráxica e fortalecer seus pulmões e seu peito.

14. O super-homem médico sacerdote mago

321. O CORPO É O INSTRUMENTO DA MENTE. Esta afirmação é atrevida, porém, é a pura verdade. Pode-se afirmar a certeza desta sentença, como, também, que o corpo, em seu conjunto, é uma exteriorização da mentalidade interna.

O SER QUIS VER E TEVE OLHOS, QUIS OUVIR E TEVE OUVIDOS. Cada célula do corpo tem mente ou princípio imanente, e este atua por seu intermédio e não há parte alguma do corpo que não seja provida dela.

Conhecido que seja este importante fato, pode-se dizer que a terapia mental ou psicoterapia é a influência da MENTE SUPERIOR SOBRE OUTRA DE INFERIOR CATEGORIA.

Cada órgão do corpo tem um conjunto de células em constante ação e reação, que faz do órgão um todo único e permite que tenha uma atividade mental harmônica. É A MENTE ORGÂNICA.

Esta obedece ao domínio da mentalidade humana chamada subconsciente, da qual procedem os 80% da atividade pessoal. Os 20% restantes formam o consciente.

Em ambas as mentes há várias faculdades: umas conscientes, como a sensação, a percepção, o pensamento etc. Outras inconscientes ou subconscientes, como a circulação, a digestão, a respiração etc.

Estes dois aspectos da mente obedecem às ideias e sugestões próprias (autossugestão) e alheias.

As atividades mentais — conscientes e subconscientes — são regidas por leis universais e infalíveis, tais como:

1º O subconsciente aceita, sem duvidar, e tem como certa toda ideia que lhe seja sugerida, se não vem de encontro aos conhecimentos já adquiridos, os quais ele julga verdadeiros.

2º Uma vez aceita esta ideia, o subconsciente começa a manifestar sua consciência peculiar e põe-na em prática, concretizando-a, e guiando-se por ela em todos os seus atos e manifestações.

3º O subconsciente continuará a manifestar-se segundo a ideia adquirida, até que esta seja desprezada ou substituída por outra justa, real e positiva.

322. O termo sugestão vem de sugerir e significa UM MEIO DIRETO OU INDIRETO OU DISSIMULADO DE PENSAR, DE REPRESENTAR UMA IDEIA SOBRE UM DETERMINADO ARGUMENTO OU CONSELHO.

A palavra sugestão não tem, pois, nenhum sentido misterioso. Autossugestão são afirmações dadas pelo indivíduo ao próprio Eu. A subconsciência aceita as ideias ou sugestões de vários modos. Os principais são:

1º AUTORIDADE — As ideias sugeridas por pessoas de alta responsabilidade e autoridade comprovadas, como são as dos sacerdotes, mestres, instrutores, médicos, advogados, juizes, diretores, escritores, oradores etc. têm uma extraordinária influência sobre as mentalidades coletivas ou individuais.

2º IMITAÇÃO — "Todo mundo pensa assim", diz o vulgo e com isto vai se copiando cegamente o que outras mentes produzem. Isto demonstra que o subconsciente é crédulo e gosta de imitar as ideias alheias.

3º SEMELHANÇA — As ideias semelhantes às que jazem no subconsciente são mais facilmente aceitas pela sugestão. Por exemplo: pessoas inescrupulosas se fazem passar por honestas e assim se consideram pelo fato de imitarem os atos, os ademanes e a aparência pessoal das que verdadeiramente o são.

Da mesma forma, muita gente aceita sugestões concernentes a seu estado físico, pela aparente semelhança com o de outra pessoa ou coisas, o que não aceitaria por si mesma.

A importância da Lei da Sugestão é embasada na verdade contida nesta sentença: ADQUIRIR FORÇA COM A REPETIÇÃO.

Quando se aceitam sugestões relativas à saúde, funções ou condições físicas etc., estas passam, imediatamente, ao domínio da mente orgânica e subjetiva, que começa a objetivar, em forma e funções físicas, estas mesmas ideias.

Desta maneira muitas doenças têm se desenvolvido, outras são adquiridas pelo medo do contágio, quando são narradas com minúcias, graves enfermidades e estados patológicos, ou são lidas literaturas médicas. Entretanto a Lei pode agir em sentido contrário ao dado pela sugestão negativa. E aí estão as CURAS MILAGROSAS para atestar!

Essas CURAS, que foram feitas por meio do magnetismo, terapia mental, sugestão ou qualquer outro método científico, têm por base o seguinte princípio fundamental: A INDUÇÃO DE UMA IDEIA DE VERDADE, FEITA DIRETA OU INDIRETAMENTE SOBRE A MENTE SUBJETIVA OU INCONSCIENTE, TEM DE CONSEQUENTEMENTE MANIFESTAR-SE NA FORMA, NOS ATOS E FUNÇÕES DO CORPO FÍSICO PELA FASE DA MENTE CONSCIENTE, CHAMADA MENTE ORGÂNICA.

323. Definições: As células corpóreas são elementos orgânicos microscópicos que formam os tecidos.

TECIDOS ORGÂNICOS são elementos materiais, diferentes em estrutura, nos diversos órgãos e aparelhos que constituem o corpo físico.

As células formam os músculos, os nervos, o sangue, os ossos, a pele, os cabelos e as unhas.

O CORPO HUMANO É UMA UNIDADE DE CÉLULAS AGRUPADAS PARA O EXERCÍCIO DE FUNÇÕES COMUNS, CONSTITUINDO CADA UMA, DE PER SI, UM ORGANISMO NOVO.

Cada célula possui um núcleo central, que é o ponto vital de seu ser. A ALMA, PARA NÓS ESPIRITUALISTAS, É CONSIDERADA A SEMENTE DO CORPO FÍSICO. AS CÉLULAS

SE REPRODUZEM POR DESENVOLVIMENTO E SEPARATIVIDADE, CRIAM NOVAS CÉLULAS E LOGO MORREM.

324. Cada célula tem um certo grau de individualidade e independência, porém, com tendência a associar-se a outras para formarem grupos maiores e, finalmente, se unirem todos num só grupo, que mantém correlação com todas as partes e divisões do corpo.

A Fisiologia conhece mais de QUARENTA ESPÉCIES DE CÉLULAS pertencentes a uma grande família de diferentes tipos, e cada uma desempenha uma função especial à evolução do organismo.

Há células que constroem o tecido muscular; outras, o tecido conjuntivo; há as que separam, adaptam e fixam o fosfato-calcário dos ossos; outras que criam as unhas e os cabelos; há as células glandulares que segregam os fluidos necessários à digestão e muitas e muitas outras que formam o conjunto orgânico e são como uma enorme comunidade, na qual cada indivíduo trabalha para o bem comum.

LOGO, O CORPO HUMANO É UM AGREGADO DE CÉLULAS

Há células que agem ativamente; outras que se deixam estar paradas em expectativa para intervirem. Umas são como os planetas que traçam uma trajetória regular, outras são aventureiras, como os ciganos que vivem de porto em porto, sem estabilidade alguma.

Há células que levam o material necessário à outras que permanecem estacionárias, ocupadas em seu ofício de construtoras. Outras trabalham no desmonte de terras, por assim dizer, e recolhem os resíduos do organismo. Umas são eternas vigilantes que detêm os intrusos, encerrando-os em verdadeiras cidadelas. Outras, ainda, constituem uma verdadeira defesa e repelem os micróbios e os germes invasores, provocadores de enfermidades.

As células do sistema nervoso entrelaçadas, formam, de um extremo ao outro, uma rede telegráfica de elementos vivos, transmissores de mensagens ao cérebro.

As células leucocitárias do sangue, também chamadas glóbulos brancos, são as defensoras do organismo; ao inopinado ataque de uma infecção abrem caminho através das paredes arteriais e venais para acudir ao ponto focal infeccioso e devorar os micróbios causadores da infecção; porém, se o corpo e o sangue não estão puros e sadios e a invasão microbiana é mais possante, é travada uma luta de vida e de morte, e vencem, finalmente, os invasores. Então vêm em auxílio dos leucócitos outras células, chamadas linfócitos, que, por sua vez, sendo impotentes para debelar o mal, recebem reforço das células gigantes.

Quando, apesar de todo este socorro, vencem os micróbios, sobrevém a infecção do sangue, chamada septicemia. PORÉM É AINDA POSSÍVEL DAR A VITÓRIA AOS DEFENSORES, SUGESTIONANDO A MENTE COM PENSAMENTOS DE SAÚDE, LEVADOS AO PONTO LESADO.

325. Sobem a mais de 200 quintilhões as células do corpo humano. Cada uma delas exerce uma função especial no organismo. Os glóbulos vermelhos trazem dos pulmões a provisão de oxigênio e energia vital, necessários à vida da célula, levam-nos às diferentes partes do corpo e, de regresso, recolhem os resíduos do organismo, tais como as células mortas e dispersas, os despojos procedentes do trabalho da HEMATOSE (queima de impurezas feitas nos pulmões) que aproveita o oxigênio do ar e expele o anidrido carbônico.

Há necessidade deste sucinto estudo para bem compreender e melhor praticar a TERAPIA MENTAL.

Ainda há células que desempenham o papel de químicos, extraindo dos alimentos os princípios necessários à boa preparação dos sucos que facilitam a função orgânica nos vários sistemas de que é composto o corpo.

Estas células trabalham tão inteligentemente que separam os princípios ativos dos sucos e os combinam de maneira tal que proporcionam a cada órgão fornecer ao corpo o produto que lhe é correspondente.

Esses produtos são: a saliva, a bile, o leite etc.

Porém, as mais ativas células são as que se propõem trabalhar em conjunto na construção e reparação de todo o organismo. O corpo se reconstrói ininterruptamente, e seu trabalho é constante e contínuo; haja vista a renovação dos tecidos que se processa nas feridas abertas.

Senão, vejamos: Fere-se uma parte do corpo por um trauma qualquer; houve lesão dos tecidos, glândulas, músculos e nervos; a ferida sangra e seus bordos estão abertos. Os nervos TELEGRAFAM ao cérebro, dão o aviso do incidente. O cérebro ordena o auxílio. As células reparadoras afluem ao local ferido. Enquanto estas não chegam, o sangue lava a ferida para impedir a infecção pela penetração dos micróbios existentes. Depois o sangue se coagula, formando uma substância protetora, semelhante à goma arábica, que, mais tarde, se transforma em cicatriz. As células reparadoras ao chegarem ao local começam a juntar os bordos da ferida e religar-lhes os tecidos. É, então, o momento em que a mente age de um modo surpreendente: os lábios da ferida se unem, as células dos tecidos e dos vasos sanguíneos etc., começam a se reproduzir, com espantosa rapidez, por crescimento e segmentação sucessivas, até formarem o suficiente material para a obra reparadora. As células novas aumentam e avançam de cada lado da ferida, até que, finalmente, se ligam.

E que maravilhoso fenômeno se dá!

As células de uma categoria se unem com as do tecido semelhante; assim as dos vasos sanguíneos procuram as da mesma espécie; as nervosas procedem de maneira idêntica, enfim, todas elas trabalham harmoniosamente, até verem o tecido homogeneizado e reconstituído. Porém se o sangue está impuro, a ferida não se cicatriza enquanto as células varredoras não terminarem a limpeza geral do organismo, isentando-o de toda a escória. Terminado o trabalho de reparação interna e feita a união, as células da epiderme se põem a trabalhar, formando nova pele sobre a cicatriz.

Em todas estas operações manifestou-se a ação e a coordenação com o esforço e a indubitável presença da direção mental.

OS POBRES MATERIALISTAS APRESENTAM, EM VÃO, LEIS FÍSICAS PARA EXPLICAR ESTE FENÔMENO BIOLÓGICO.

O mais cético será forçado a admitir a ação manifesta de minúsculos seres viventes e pensantes, coordenando, regulando e partindo de um mental superior. Não é bastante chamar de poder instintivo, pois o instinto é um nome dado às várias atividades vitais.

Uma clara compreensão da atividade mental das células bastará para nos dar a chave do segredo da Cura Psíquica ou Mental.

326. É fato por demais comprovado que as células possuem mentalidade própria e são seres vivos. Qualquer controvérsia é simplesmente ridícula.

A Biologia ensina que todo o ser vivo é dotado de mente, em grau suficiente para desempenhar sua função e adaptar-se ao meio ambiente; logo, as células do corpo possuem a complexa tarefa de preservar o conjunto orgânico, como acabamos de descrever, demonstrando possuírem rudimentar memória que as capacita a utilizarem as passadas experiências e se porem de alcateia. Dão provas cabais de gosto e repugnância, e manifestam tendências a adquirirem certos hábitos. Alguns estudiosos pesquisadores da moderna biologia pretendem que as células premeditam seus atos e que trabalham de acordo com futuras previsões.

Não só têm as células mentalidade individual, como em alguns grupos celulados, há uma real colaboração coletiva.

A ciência desconhece por completo a maneira pela qual as células se recordam das experiências sofridas e como trabalham; porém as Escolas Iniciáticas provam que existe uma comunidade telepática superior, como sucede às mentes das multidões, quando ameaçadas de perigo. Cada célula de um grupo trabalha para determinado fim e mantém perfeita gradação de responsabilidade para com as demais; assim, cada órgão do corpo é considerado um ser vivo, dotado de mente própria que controla sua função.

Quando um órgão sofre uma direção errônea, a anormalidade logo se manifesta; entretanto, pelo tratamento psíquico pode-se retificar o erro, e o órgão será reconduzido ao seu normal funcionamento.

ESTES FATOS SÃO LARGAMENTE COMPROVADOS PELA BIOLOGIA PSÍQUICA, PELA TERAPIA MENTAL E PELA PSICOLOGIA EXPERIMENTAL, podendo, sobre isso, o aspirante consultar qualquer das obras publicadas sobre a matéria.

327. Estudando a mentalidade coletiva das várias espécies viventes, vemos que as formas-grupos se movem sob a influência desta mesma mentalidade; por exemplo, os bandos de pássaros, os rebanhos de animais superiores e as multidões laboriosas das abelhas mostram a perfeita coordenação em seus trabalhos.

Não há quem não tenha sofrido, ainda que uma única

vez, o contágio alucinante da multidão. Parece que nestes momentos o homem perde o domínio da sua mentalidade particular e aceita um grau mais elevado de mentalidade coletiva.

ESTA É A ARMA DE QUE SE SE SERVEM OS POLÍTICOS E OS CONDUTORES DAS MASSAS. O SUPER-HOMEM ESTÁ MUITO ACIMA DA INFLUÊNCIA DAS MULTIDÕES E NÃO GRITA PELO FATO DE OUVIR GRITOS, NEM SE DEIXA HIPNOTIZAR PELAS CORRENTES DAS MASSAS, NÃO PERDENDO ASSIM A VONTADE PRÓPRIA E O DISCERNIMENTO.

Voltando ao primeiro assunto: Toda enfermidade tem sua origem nas células e toda cura deve dirigir-se a elas, isto é, a mente celular — espírito e alma das atividades da célula.

TODA DOENÇA PROVÉM DE UMA DEFICIÊNCIA FUNCIONAL DAS CÉLULAS, OU MELHOR, DO TRABALHO DE ELIMINAÇÃO TOTAL DE RESÍDUOS ORGÂNICOS.

Às vezes as células se rebelam contra a crassa ignorância da criatura e deixam de trabalhar, como um castigo; então sobrevém a enfermidade local ou generalizada.

Mas, felizmente, este estado pode ser remediado, FALANDO-SE, CONVERSANDO-SE com as células, que, obedientes, se reconstituem e voltam ao bom funcionamento.

Pode acontecer que haja uma obsessão mental que tenda a objetivar uma ilusória enfermidade; então, nesse caso, a mente obsedada deve ser recuperada por tratamentos naturais, como a boa alimentação, a respiração completa, a autossugestão e as afirmações positivas, que serão dirigidas especialmente às mentes das células.

O estímulo enviado às células influi, poderosamente, até sobre a causa material da doença.

328. Exercícios:
Antes de dormir, repetir 60 vezes esta afirmação:

EU SOU A SAÚDE NESTE MEU CORPO. EU SOU A HARMONIA NO MEU CORPO QUE É O MEU TEMPLO.

Deve-se repetir, conscientemente, sabendo-se o que se está dizendo. Logo, em seguida, fazer 7 respirações completas e reter o alento, repetindo as afirmações.

15. A religião dos sábios

329. A FORMAÇÃO DAS ESFERAS. Leis que presidem à função das esferas.

A atração é o meio pelo qual dois seres correlativos e paralelos se acercam, se combinam e produzem um resultado. Devemos saber, porém, que dois seres paralelos não são correlativos senão no objetivo de produzirem um resultado pela sua ação comum. Consequentemente, a atração não existe entre dois seres correlativos e paralelos se os dois não têm de produzir um resultado, atuando um sobre o outro.

Desde o momento em que o resultado se produziu, a atração deixa de existir entre os dois seres.

Quando deixar de existir a atração entre os dois seres correlativos e paralelos, haverá então a repulsão entre eles; e é uma força negativa; é o defeito da atração.

A força da repulsão sempre é igual à força da atração; isto é, depois de produzir o resultado, os dois seres correlativos e paralelos se afastam um do outro à mesma distância que percorreram para se acercarem, em vista de produzirem o seu resultado.

Combinação do calor com o sólido.

O Espírito é corretivo à matéria: ambos se atraem para efetuar um resultado. Este resultado é a comunicação dos movimentos do Espírito à matéria e a manifestação do movimento do Espírito pela matéria.

Agindo o Espírito sobre a matéria reduzida à sua expressão mais simples, AO ESTADO DO ÁTOMO, divide a matéria em duas partes: A parte candente e a parte sólida.

As duas partes correlativas se atraem para produzir um resultado — que é a comunicação e a combinação dos átomos de calor com os átomos sólidos.

Os átomos de calor, por sua sutileza e ligeireza, são mais aptos ao movimento e se expressam instantaneamente em todos os pontos, atraídos pelos átomos sólidos; com eles se combinam e os acendem.

O espaço é um imenso forno. Há uma estufa onde se acha um átomo calorífico com um átomo sólido que acendem a estufa.

Um átomo calorífico combinado com um átomo sólido forma um corpo intermediário entre o calorífico e o sólido.

Este corpo tem todas as propriedades do calorífico menos o que é incompatível com o sólido. Também este corpo tem todas as propriedades do sólido, menos o incompatível com o calorífico.

O calorífico, ao combinar-se com o sólido, toma uma parte da densidade deste, proporcional ou equivalente à parte sutil que ele lhe dá.

ESTE CORPO INTERMEDIÁRIO ENTRE O CALOR E O SÓLIDO SE CHAMA GÁS.

Com efeito, um gás é uma porção de matéria sólida que encerra a maior quantidade de calor que ela pode conter.

Quanto mais se diminui a densidade de um corpo, maior extensão terá no espaço. Um corpo que toma a forma gasosa, ocupa um lugar maior, pela sutileza do calor que nele se encerra.

330. Embrião das Esferas e o mistério do átomo. A ciência estudou o átomo segundo seus efeitos e o definiu:

a) Todos os elementos da matéria no Universo se compõem de átomos "TUDO É UNO". A diferenciação entre uma e outra matéria consiste na diferença da vibração ou emanação do núcleo que reside no centro do átomo.

b) O átomo, apesar de sua pequenez, compõe-se de diferentes partes no seu centro:

1º De certas esferas, que possuem cargas elétricas que se chamam ELÉTRON, DÊUTERON, MÉSON, NÊUTRON, FÓTON, POSÍTRON e PRÓTON. De todos estes nomes misteriosos interessam-nos o PRÓTON, o NÊUTRON e o ELÉTRON, que compõem a esfera do átomo.

2º De um núcleo do átomo interno, e este se compõe de esferas; umas carregadas de eletricidade positiva, e se chamam Próton, e outras neutras chamadas Nêutron.

O átomo de hidrogênio, por exemplo, que é o

mais simples, e o mais leve, tem um núcleo constituído por um próton e nêutron gravitando qual um satélite.

O átomo urânio, o mais pesado, tem 92 prótons, 146 nêutrons em seu núcleo e 92 elétrons gravitando em todos os sentidos.

c) Estas esferas do núcleo estão carregadas e agarradas uma às outras por uma energia duma força ingente, cuja capacidade chega a oito milhões de volts; e quando chegamos a saber que a luz elétrica que usamos não passa de 110 volts, então compreendemos o que significam oito milhões de volts que agarram as esferas do núcleo interno, entre positivos e negativos e assim formam o corpo do átomo, enquanto que os elétrons eternos, como satélites ou planetas, giram ao redor da periferia para conservar o equilíbrio.

d) O MISTÉRIO DOS MISTÉRIOS, PORÉM, E O ARCANO DOS ARCANOS, CONSISTE EM QUE A FORÇA QUE LIGA OS COMPONENTES DO ÁTOMO NÃO É A GRAVIDADE, NEM É O MAGNETISMO. ESTE MISTÉRIO CONTINUA, ATÉ ESTE MOMENTO, INDECIFRÁVEL.

e) Enquanto muitos segredos foram descobertos, encontramos muitos mais que permanecem inexplicáveis. Os pesquisadores científicos voltaram a sua atenção para a fonte DE ENERGIA que está além da imaginação do homem. Esta ENERGIA SURGE NO UNIVERSO a qualquer hora. Como? De onde?!!! SILÊNCIO!!!

f) Uns dizem que esta energia provém do sol; ao passo que outros ensinam que provém do choque entre as estrelas, e assim sucessivamente, cada cientista com sua teoria...

g) NÓS NÃO QUEREMOS AUMENTAR A CONFUSÃO REINANTE E CONTINUAREMOS AFIRMANDO QUE A ENERGIA EMANA, BROTA, PROVÉM, DO CENTRO.

h) Cada centro ou núcleo se compõe de esferas positivas e negativas, como já vimos; mas essas esferas são em NÚMEROS diferentes em cada átomo de um elemento. ESTE É O SEGREDO DA DIFERENCIAÇÃO ENTRE OS ELEMENTOS NATURAIS. ESTA DIFERENCIAÇÃO SE DEVE ÀS VIBRAÇÕES DA ENERGIA EM CADA ÁTOMO. Por exemplo: O núcleo do átomo do hidrogênio tem um só próton e um só nêutron.

O núcleo do Helium tem dois prótons e dois nêutrons.

O núcleo do Lethium tem três prótons e quatro nêutrons.

O núcleo do átomo do carvão tem seis prótons e seis nêutrons, e assim sucessivamente, até alcançar o átomo Urânio, que tem 92 prótons e 92 nêutrons.

i) De maneira que os elementos se formam pela união de átomos, e com isso existe toda a matéria calórica e sólida. Quando a ciência chegar a dominar e dispor do número das esferas em cada núcleo, poderá, então, transformar um elemento em outro e mudar-lhe a natureza e os efeitos, como sucedeu em 1919, quando o sábio Rotheford mudou o oxigênio em hidrogênio, registrando desta maneira o primeiro triunfo do homem sobre a matéria.

Terminada agora esta breve explicação, já podemos voltar aos nossos estudos de A RELIGIÃO DOS SÁBIOS.

331. Está comprovado pela ciência que um composto químico encerra, em seu conjunto, menos calor do que o dos seus componentes.

Consequentemente, a combinação de uma parte da matéria gasosa com uma sólida deixa em liberdade uma quantidade calorífica da matéria.

Esta quantidade de matéria calorífica posta em liberdade é aquela que sofreu a força da fricção no movimento dos átomos, durante a combinação, e que através do próprio atrito ou roçar se tornou mais sutil do que quando estava em combinação parcial.

A proporção da matéria calorífica que se combinou com a sólida para formar um gás, perdeu tanto da sua sutileza, em proporção com a densidade da matéria sólida.

Depois da combinação forma-se o gás, que é um composto de mediana densidade entre os componentes: calor e sólido.

O calor não combinado tende a escapar de todas as partes do composto, em virtude da força de repulsão.

Uma parte se desprende da circunferência e se dirige para certo ponto do espaço; a outra parte converge na direção do centro, e empurra a matéria gasosa rumo à circunferência para formar o núcleo ou uma estufa calorífica.

As diferentes partes da massa gasosa se reúnem ao redor da estufa ou núcleo segundo a ordem da sua densidade e a envolvem com uma espécie de atmosfera. Esta atmosfera e sua estufa ou núcleo formam uma esfera.

332. Ordem da formação das Esferas.

O calor que escapa pela circunferência, durante a formação da esfera, dirige-se para um certo ponto do espaço. Este calor é mais sutil do que aquele que está combinado com a matéria sólida para formar a massa gasosa ao redor da estufa central.

O calor que escapa de muitas esferas que se formam, na mesma época, nas vizinhanças da primeira, se reúne no ponto central a estas diferentes esferas.

Este calor, assim concentrado, se combina com uma parte da matéria sólida e chega a ser o embrião de uma esfera central, mais perfeita do que as outras, porque o seu calor é mais sutil.

A estufa ou núcleo desta esfera central se forma como aquelas esferas que a rodeiam.

Muitas esferas centrais, assim, se formam em diferentes pontos de uma porção de espaço.

O calor que escapa destas esferas centrais, concentra-se num mesmo ponto de espaço e se combina com uma parte de matéria sólida, e ali forma o embrião de uma esfera central de todas as outras esferas que a engendram, e esta será mais perfeita do que as outras.

Muitas esferas semelhantes a esta última deram nascimento a uma esfera ainda mais central e mais perfeita, e assim sucessivamente, até o infinito.

Assim, pois, de muitas esferas nasce uma esfera CENTRAL.

Uma esfera central é posterior e por isso mais perfeita do que aquelas que a rodeiam.

Também de um grupo de satélites nasce um planeta, que se tornou o centro deles.

De um grupo de planetas nasce UM SOL, que se constitui um centro deles!

De um grupo de sóis nasce um SOL DE VIA LÁCTEA, que será o centro deles, e assim até o Infinito.

Consequentemente: um planeta é mais perfeito do que um satélite; um sol é mais perfeito do que um planeta; um SOL DE VIA LÁCTEA é mais perfeito do que um sol planetário etc.

Bibliografia

Dicionário Maçônico

ADOUM, Jorge............ El Reino
ADOUM, Jorge..............Do Sexo à Divindade
ADOUM, Jorge..............As Chaves do Reino Interno
ADOUM, Jorge..............Yo Soy
Curso Adiantado......... A Religião dos Sábios
RAMACHÁRACA.........La Ciência de la Salud
DURVIL........................ El Magnetismo
DUMONT, Theron Q.....Curso de Magnetismo Prático
Em cursos....................A Medicina Universal
Em cursos....................Energia y Alma
Em cursos....................O Super-homem
CLYMER, Dr. S. ....Los Grandes Mistérios
CLYMER, Dr. S. ....La Filosofia del uFego
OSRC............................Cursos Meditables